原材料化する人類

ネットビジネス支配のカラクリ

Raw-Material Humans

Governance *Karakuri* of Internet Business

西口敏宏

NISHIGUCHI TOSHIHIRO

日本経済新聞出版

はしがき

〝幸せな〟奴隷化の先に何が？

2500年前、繁栄を極めた古代アテネで、今日人類の多くが日々実践しその恩恵を受けている民主主義の祖型的な形が誕生した。それればかりではない。21世紀の現代もなお、われわれ人類の審美眼を魅了し、感動させ、生きる歓びを与える壮大な文明の痕跡が無数に残っている。比較的短かった古代アテネの時代に、よく知られるように、古典劇、哲学、神殿、彫刻や、啓《ひら》かれた言論、裁判制度、軍隊などが一挙に噴出して驚くべき進化を遂げ、現代文明のあらゆる側面に、その祖型的な遺伝子を刻印し続けている。

それらの構築物はあまりにも完成度が高く、不朽の美と頑健さを有していたため、後世の人類にとっての不幸は、それらの真価を損なわずには何ひとつとして、意味のある追加的要素を付与することが至難の業であり続けていることだ。

過去25世紀の間には、世界のあらゆる地域で想像を絶するほど多くの出来事が起こり、おびただしい数の国家や政体が勃興し、繁栄し、絶滅した。文化や宗教、学芸の面でも、気の遠くなるほど豊かで、バラエティーに富んだ発展と衰退を見た。人間活動のあらゆる分野で、主役は目まぐるしく変遷し続け、万巻の歴史書や近年のChatGPTでも、とても追随できないほど無数の者たちが、しばらく活動した後に、消え去った。

とはいえ、20世紀末、今から3分の1世紀ほど前に、ソビエト連邦が崩壊し、東欧諸国を含む多くの旧共産諸国が民主化と自立の道を歩み始めてからの約10年間には、今振り返ると信じ難いような、極度に楽観的な世界観がこの地球上を闊歩していた。

曰《いわ》く、人類が古代ギリシャ・ローマ以降、計り知れないほどの艱難《かんなん》をもろともせずに追求してきた個人の尊厳、基本的人権、民主政治は、遂にその根源的な障碍から解放された。つまり、歴史はようやくその究極の到達点に達し、〝終焉した〟のだと論じられた。さらに、このクリティカル（重大）な分岐点の後は、民主国家間の戦争は原理的にペイしないためにカテゴリーとして消滅し、国際紛争の主軸は、民主国家vs.テロ集団のような非民主的諸勢力との間の闘争に移っていくだろうとも主張された。[1]

だが、2001年9月11日にイスラム過激派アルカイダによるアメリカ同時多発テロ事件が発生して以降、そうした楽観的な主張は次第に下火となり、2003年のイラク戦争をはじめ幾多の国際紛争を経て、2022年2月に始まったロシアのウクライナ侵攻によって、最終的なトドメを刺されたかのように見える。

こうした事実の伝えるメッセージは明確だ。つまり、世界はハッピー・ハッピーに、穏やかで統一された未来などへは向かっていない。それどころか、現実問題として連日のように、異を唱える人々の間の分断が深刻化し、格差と不信感による亀裂がいや増しに広がって、この地球上に蔓延している。

さらに、本書が論じるように、そうした深刻な変化の兆しは、紛争の敵対先とされていた非民主勢力そのものを超えて、驚くべきことに、まさに歴史の最終到達点に達したはずの民主主義の総本山、アメリカ合衆国の内側から発していることが、様々な証拠から明らかになりつつある。

その危機に気がついているか?

そうした進展の多くは、思いがけないことだったかもしれない。だが今日、注意深い観察者は次のことに気づいている。つまり、過去20年余り、ある意味で、世界の民主化傾向とほぼ軌を一にして急発展してきた、アメリカ発のインターネットビジネスの隆盛こそが、あたかもその量的拡大と反比例するかのように、同国内ですでにくすぶっていた〝社会的分断〟の動きを、より過激で御し難い〝亀裂〟へと拡大することに貢献したのかもしれないということである。そして、本書で詳述するように、この現象には、あらゆるネットビジネスに共通する特異な仕組みが関係しており、誰もそれを避けることができないのだ。

今日、世界中のネットユーザーのなかで、1日たりとも、ネット業者が次々と提供してくる便利な各種サービスのお世話にならずに過ごす者は皆無に等しいであろう。意識しなくても、ユーザーは毎日、様々な検索や調べもの、画像の閲覧やアップ、さらに物品の売買などで、ネット上にあふれる利便性を享受している。

だが、次のように考えるユーザーもいるに違いない。ちょっと待てよ。そうした利便性の裏には、何だかすぐには解せないが、人知れず怪しげな仕組みが潜んでいるのではないだろうか？　日頃の忙しさにかまけて、これまでじっくり考えてみる余裕はなかったとはいえ、やはり何か腑に落ちない。いつもそうと意識してはいないが、実際、こうして日常生活に流されてしまっている間、知らず知らずのうちに、一種の〝リスク〟をわが身に背負い込んでしまっているんじゃないか。これまで、ネットサービスを便利に使っていただけで、あまり真剣には考えてこなかったが、やはり不安だ。何かが不気味なのだ。その裏には、何か人知れずリスキーなものが隠れているんじゃないだろうか……。
そうした漠然とした思いは、実は図星であり、的を射ている。

天文学的な不平等

もしこれまでに、たとえ一瞬でも、あなたの心にそうした疑念や不安がよぎったとしたら、ぜひ本書を手に取って、少し先まで読み進めてみることをお勧めしたい。隅から隅まで熟読しなくても、当面構わない。というのも、本書のどの箇所に一番関心を持たれるかは、人それぞれかもしれないが、それでもやはり通奏低音のように、この書物に一貫して流れる根源的な知見やメッセージは、21世紀の現代人すべてに関わる、普遍的で喫緊性の高い問題だからだ。

要点は次の2つである。

第1に、とりわけユーザー側に現状認識が極端に乏しいのが通常とはいえ、現下のネットサービスの供給者とその利用者が日々交換する各種データと個人情報を比較検証すると、両者がそれぞれ享受する「利得」には月とスッポンほどの違いがあることが分かる。

第2に、そうした事実はつまり、双方の間に天文学的な「不平等」が存在することを意味する。

より具体的に描出してみよう。

ユーザー側は、気の向いたときに、自分の知りたいこと、興味のあることをネット検索し、写真や動画を楽しみ、「いいね！」を共有するといった、指先1つの作業だけで、世界を相手に対話し、全能感を味わって、ハッピー・ハッピーなひとときを過ごすことができるかもしれない。そのプロセスで、しばしば〝承認欲求〟も満たされる。しかも、騙しの手口に引っかからない限り、一切はタダで済むのだ。こんなに安上がりで「ハッピー・ハッピーな供給装置」（あるいは召使い）は、滅多なことでは、他に見つからないだろう。

他方、ネットサービスの供給者側は、とりわけ巧妙な業者ほど、個々のユーザーの想像を絶するほど容易に、数十万から数百万人、ときには数億人分の個人データを、やはり指先1つで、タダで自動集計し、さらに高度なノウハウの心得があれば、そうしたユーザーの意見形成、消費行動から投票行動に至るまで、マス単位で思いのままに操作・誘導して、莫大な利益を上げることができる。つまり、ネットサービスの供給者と利用者のそれぞれが享受する「利得」の間には、まさに数億光年分もの相違があり、まったく比べ物にならないということだ。

有り体に言えば、その仕組みは、19世紀イギリスの工場労働者が、資本家階級にいかに搾取されているかを研究して、その〝不正〟のメカニズムを理論的に暴いたカール・マルクスらの洞察でさえ、子ども騙しに思えるほどなのである。

さらに具合の悪いことには、200年前の労働者とは違って、21世紀のネットユーザーは、根源的に異なる状況下における〝認知限界〟にさらされている。

つまり、作業としては、いやいや従事していた工場労働とは真逆で、自分の好きな時間帯に、好きなサービスだけを選択し、しかも、たっぷりでもちょっぴりでも、任意の分量だけ、自らの欲求に従ってすべて〝意のまま〟〝ご随意〟に享受できるのだ。

そのため、少なくとも見かけ上、主観的には、自分ひとりだけの自由意志で行う〝趣味的な営為〟であり、誰にも邪魔されない。また、「いいね！」をクリックする気軽な行為などの先にある〝深み〟にハマることはできるだけ避け、それでも都合が悪くなったら、シャットオフしてしまえばオシマイ！　何とも安直で、都合よくできているのだ。

だが、ちょっと待てよ、と事情通はここで口を挟むかもしれない。見かけによらず、たとえ表面的には問題なさそうに見えても、ネットビジネスは奥が深く、ある意味、陰湿な執拗さを秘めている一面があるからだ。そして、圧倒的大多数を占めるユーザーたちは、そうした側面に気づいていない。あるいは、見て見ぬふりを決め込んでいる向きもあるだろう。

ネット操作技術の驚異的進展

その一方で、本書が論じるように、ネットテクノロジーは人の想像を絶するところまで進化している。例えば、早くも２０１０年代には、ケンブリッジ大学のアレクサンドル・コーガン博士らによって精緻な「マイクロターゲティング」手法が開発された。

この新技術によって、個々のネットユーザーの個人情報（性別・住所・年齢）と、Facebookの「いいね！」などの履歴といった限られた情報から、その関連づけによって、通常の人間づきあいではなかなか見えてこない個人の行動パターンが鮮明に浮かび上がり、その人の性格特性が精緻に予測できるようになった。

そうした技術を応用して、数千万人分の選挙民データから浮動票層を抽出し、彼らを巧みに誘導して意図した通りの投票行動に導き、２０１６年のイギリスのＥＵ離脱決定やドナルド・トランプ米大統領当選の多数派形成を巧みに実現させたのが、選挙コンサル企業のケンブリッジ・アナリティカだった。

つまり、その新手法によって、「ピンポイントのマインド操作」が可能となり、対立候補に絶対投票〝したくなくなる〟情報のかけらを1つ吹き込むだけで、狙った通りに票が動くようになったのだ。[2]

また同時期に、ケンブリッジ大学で博士号を取得後、スタンフォード大学に移籍したマイケル・コジンスキー准教授が開発した「サイコメトリックス分析」によって、「行動から性格の逆引き」が可能となり、本人自身よりも本人のことが正確無比に分かるようになった結果、その〝心の操作〟も容易になった。しかし、その半面、人間の幸せ、自由、人生さえも一方的に踏みにじられてしまう恐れも、現実問題として浮上している。

さらに危惧すべきは、このような「ネット操作技術」の進展によって、瞬く間に人々の間に「分断」が創出され、その傷口が広がり、社会的亀裂が悪化して収拾がつかなくなる事態を未然に防ぐ手立てがないということだ。というのも、皮肉なことに、そこに介在するテクノロジーは、人々が2つの勢力に分断され、拮抗しているときにこそ、最大の効力を発揮するからである。本書では多くの事例や経験的証拠を通じて、そうした負の側面を深掘りしていく。

このようにネット技術の革新が、まるで盛りのついた若馬の群れのように秒単位で急進化し、世界をその操作下に置きつつあるなか、この10年余りの短期間で、人類は否応なく2つの極端なカテゴリーに分割されてしまった。すなわち、片やほんの一握りの、今や超巨大となったＩＴ企業（例えば、２０２４年6月の時点で、エヌビディア、マイクロソフト、アップル各社の時価総額は、日本の一般会計予算のそれぞれ約4倍強！）の経営者たちであり、彼らこそが、もう一方の世界人口80億人中、約7割を占めるインターネット利用者55億人の〝原材料化〟を通じて、天文学的な利益を稼いでいるのだ。

全人類を欺く3つのカラクリ

そのカラクリは、次の3点に集約できる。

(1)浸透性――ネットユーザーは自らの〝自由意志〟でネットサービスにコネクトし、〝良い時間〟を過ごす一方で、その個人データは業者のアルゴリズムによって、自動集計・分析され、莫大な利潤の〝原材料〟として有効活用される。

(2)秘匿性――仕組み上、そうした自動集計と利潤創出のカラクリは、個々のユーザーにほとんど意識されることはない。

(3)超効率性——巨額の物理的投資と大人数を要した旧来の製造業や小売業等とは異なり、一部のデータセンター等を除くと、IT企業一般の物理的制約は限りなく僅少であり、代わりに、むしろアイデアで先行し、斬新な発想や独創性をよりスピーディーにビジネス化する者こそが勝者となる。さらにネットビジネスの仕組み上、全人類の7割に及ぶユーザーの個人情報がタダで入手・活用できるため、〝原材料〟は無限である。その結果、比較的容易に、極端な少人数で天文学的な稼ぎを上げることが可能となる。

こうした画期的な属性により、ネットビジネスは、単に効率のよい利潤創出様式といった次元をはるかに超えて、人類のつながりそのものを一変させた。

つまり、伝統的なヒト同士による生身のコンタクトではなく、〝指先〟接触を介した人間ユーザーの〝資源化〟によって、利用者らはIT業者に自らタダで〝原材料〟を提供するかけがえのないソースとして突如再編され、その歴史的属性もリライトされて、まったく新たなビジネス目的の役割を付与されたのである。

エグイ言葉で表現し直せば、そこに、至極便利で利用価値が高く、また利用しがいのある膨大な「原材料階級」が出現したのだ。

その結果、過去25世紀かけて、しばしば血で贖《あがな》いながら、人類が築き上げてきた西欧型民主主義の諸制度や社会常識が、ある意味、この数十年で不可逆的に〝反故《ほご》〟にされつつある。その代わりに、正当な手続きさえ踏まず、ユーザーの認識も巧みに回避したまま、競争に勝ち残った一握りの私企業による独占的な「個人情報の集中と資源化」が、大通りを戦車の隊列が凱旋するかのように、地球規模で大躍進しているのだ。

本書は、計画性なく、行き当たりばったりで発生し、偶発的に人々の間に定着してしまったかのように見える、このような新種の支配のメカニズムを、近年の経緯や事例を振り返りながら分析し、その危惧すべき社会的インパクトを考察する。そうした作業を通じて、インターネットを利用するすべての現代人の身辺に降りかかる喫緊の課題を取り上げ、検討していく。

そのアプローチは、百科全書的な網羅方式というよりも、緊急性のあるトピックごとに、鋭利に切り込んでいくスタイルを採る。

さあ、われわれには、あちこち寄り道している暇はない。直ちに新たな探求の行路へ踏み出そう。

2024年9月吉日

西口　敏宏

目次

第Ⅱ部　人間の原材料化

第Ⅰ部

21世紀の地殻変動

Raw-Material Humans

Governance *Karakuri* of Internet Business

第1章

世界を覆い尽くすネットビジネス

世界人口80億人の3分の2がネットに接続

20世紀末、アメリカで画期的なインターネットビジネスが生まれ、世界を席巻した。今日、世界人口80億人のうち、インターネット利用者は3分の2を超え、代表的企業のGAFAM（Google：グーグル、Amazon：アマゾン、Facebook：フェイスブック［現メタ］、Apple：アップル、Microsoft：マイクロソフト）について聞かない日も、そのサービスを利用しないで済ませられることもない。本書はそうした現象の衝撃と、人類にとっての重大な意味について論じる。

このわずか二十数年の間に、インターネットビジネスは、われわれのつながり方を根源から変え、わずかばかりの業者が天文学的な利益を「濡れ手で粟式」に上げるやり方を編み出し、常態化させた。

この現象は、「モノの制約」に囚《とら》われていた従来のビジネスのやり方を不可逆的に変えたばかりか、人々の日常生活を土台から激変させ、古代ギリシャから25世紀の間、営々と築き上げられ、慣れ親しまれてきた「リアル世界」の常識や諸制度さえも、根底から覆しつつある。これは決して誇張ではない。

まず、いくつかの統計数字を押さえておこう。２０２２年12月時点で、世界人口80億人中、インターネット利用者は55・４億人となり、普及率は69％に達した。[1] つまり今日、われわれ地球人の３人に２人はインターネットでつながっており、しかもその人数は一瞬一瞬、増加しつつある。

そのわずか12年前、２０１０年には、世界人口68・４億人中、インターネット利用者は19・７億人で、普及率は約４割の28・８％だった。つまり、この12年の間に、その利用者は２・８倍、普及率も２・４倍に達する驚異的な伸びを見せた。いかなるイノベーションであっても、このように短時日の全地球規模での普及は、疑いなく人類史上、未曽有の現象の１つであると言えよう。

だが、問題は単に数の増加だけではない。真に憂慮すべき問題は、ユーザーがインターネットを毎日利用し、便利になったと喜ぶ一方で、そのカラクリを通じて、金儲けにうってつけの「個人情報」が、GAFAMを中心に隈なく収集され、〝資源化〟していることだ。つまり「無償利用」と引き換えに、人類の大半の個人情報が集められ、〝ステルス〟的に、一部業者による莫大な「利益抽出ビジネス」に貢献しているのである。

その仕組みは巧妙で、ユーザーは「監視されている」という意識さえ持っていない。というのも、アメリカの信頼できるデータによると、日々無数に現れるソフト関連の利用約款に関して、ユーザーが「同意する」をクリックするまで時間の中央値は14秒であり、すぐさま約款のことなど忘れて、自らの作業に没頭するのが常だからだ。その向こう側で、業者らは誰に邪魔されることもなく、膨大な数の「個人情報の集中と資源化」を独占的に進め、ビジネス化して、巨万の富を蓄えている。

このようなカラクリのもとで、有史以降、人類が営々と築き上げてきた政治経済の諸制度や慣行が、ほぼ何の制約も受けずに、諸国家の法律の届かない領域で、不可逆的に反故にされつつある。しかも、そうした仕組みは、このわずか10~15年ほどの間に、人を圧倒するスピードで全世界に拡大し、度し難い新たな分断を人々にもたらしつつある。

本書では、この切迫した現実問題のメカニズムを検証しながら、その陥穽《かんせい》と問題点を論じ、あるべき是正策と将来性に関する考察のよすがを提供する。

原材料階級、現る

近年のインターネットとＳＮＳ（social networking service――英語では通常social media）の普及によって、世界中の諸個人は24時間３６５日、世界のどこからでも、年齢・性別・社会的地位には一切お構いなく、タダで自由にものが言え、写真や動画をアップし、またシェアやリツイートすることによって、一挙に「世界に参加」できるようになった。しかも、そのための作業といえば、スマートフォンかパソコンを開き、指先１つで一切が完了する。まさにフィンガーチップ・ワールドへようこそ、というわけである。

広範な領域における、こうしたネット利用の利便性と〝全能感〟については、今さら改めて説明する必要はなかろう。

だが、その一方で、危機感や罪悪感すらなく、自分の愛玩するネット空間だけを跋扈《ばっこ》し、好き勝手に言いたい放題、イタズラ動画もやりたい放題、さらに、際限なきバッシングも当たり前、といったような行為が横行している。従来のリアル世界ではバリアが高すぎて、大多数の人々が考えることもせず、そのため避けてきたような一方的な言動が、著しく低いコストで容易に行えるようになった。

しかも、ネット空間でそうした〝悪行〟を好きなだけやりまくったからといって、すぐに後を追いかけてくるお巡りさんもおらず、何か不都合が生じれば、直ちに「オフればよい」のだ。

こうしてネット空間は瞬く間に、対面では人に決して言えないような、穢《けが》れた思い、恨み、憎悪、嫉妬、欲求不満、満たされぬ心などを、一切の抑制なしに、ブチまける格好の「汚物処理場」ないし「肥溜め」と化す。しかも、閲覧者数が増えると、収入までアップするのだ。

こんなに安直で無責任に〝悪行〟を楽しめる空間や媒体が、果たしてこれまであっただろうか？　しかも、ヘンテコなＷｅｂサイトに引っかかってぼったくられない限り、ほとんどが無料で行えるのだ。

古臭いリアル世界で育った大人たちは、次のように嘆くかもしれない。現代の多くの若者たちばかりか、40～60代以降のユーザーも含めて、嬉々として、そうした不埒《ふらち》で怠惰なネット空間の虜《とりこ》になる一方で、この地球上の至る所では「人類の劣化プロセス」が、不可逆的に急拡大しつつあるのだと。

けれども、そうした動きをチェックし、適宜ストップをかけ、あるいは軌道修正を促すメカニズムの決定的な欠如も手伝って、個々のネットユーザーによる自慰的な行動様式は、今やパンデミックの様相を呈しており、一向に止む気配はない。その結果、われわれの住むこの地球はいつの間にか「バカが露呈したまま闊歩する、広大で薄汚れた枯れ野」と化してしまったと独り言ちても、誰も耳を貸そうとさえしないだろう。

それどころか、このような危機感の欠如を指摘するキナ臭い批判者に対して、新世代はこう応えるかもしれない。

「でもね、ひと昔前に比べると、絶対的な意味での生活水準はずっと上がっているし、病気もそんなに怖いものでもなくなっているじゃないですか。それに、昔と違って、皆が喰うに困ったり、まったく生活ができなくなっているわけでもないし……」

「要するに、長い話をつづめて言うと、一体全体、何が問題なんでしょうかね?」

そう言われてみれば、確かにその通りなのかもしれない。そういった反応には、ある意味、一定の説得力があることは、間違いないだろう。

だが、そこで思考をストップさせ、まるで何事もなかったかのように、黙々と「受動的なネット社会の住人」の立場に甘んじて生き続けることに、違和感や一抹の不安さえ持たないのだろうか？

なぜなら、後の章で詳述する前段階として、ここでは手短に指摘しておくと、ネットにつながっているだけで、個々人のプライバシーに関わるものも含めて、あらゆる「カネになる個人情報」が一方的にごく少数の巨大ネット業者によって自動集計され、適宜加工されて、彼らやその周辺業者らの天文学的な富に転化され、蓄積されているからなのである。[2]

マルクスが指摘した19世紀の工場労働者とは異なり、今日の21世紀型の〝労働者〟は、そうしたステルス性を持った新たな「搾取メカニズム」にさらされていることさえほとんど「気づかず」、あるいは、まったく「意識さえもせず」に、1日のうち相当時間を嬉々として、主観的には自分のためだけに費やし、自由意志で個人的に楽しんでいるという〝幻想〟を抱くことに馴化させられた、〝幸せな〟「原材料階級」(raw-material class) を構成しているのだ。

しかも、その人数はうなぎ上りだ。前述の通り、2022年末現在で、人類80億人のうちインターネットにアクセスする約7割の55億人が自動的にそうしたメカニズムに組み込まれており、その人数は日々激増している。

仮にネットユーザーの大半が、この新しい全地球規模の仕組み、その「取り込み機構」の〝恐ろしい〟意味に気づかず、あるいは、考えるのが面倒だからと1人オタッキーを決め込み、嬉々として毎日のささやかな愉悦に浸り続けたとすると、その先には何が待ち受けているのだろうか？

ひょっとすると、いくばくの時間も経過しないうちに、いざ蓋《ふた》を開けてみたら、現状維持といった最小限の個人的願望すらまったくお話にならないほど満たされないまま、結局最後には、ほぼ全員が敗者に成り果て、元も子も失ってしまっていたということにもなりかねない。

本書では、そうした今まさに起こりつつあり、とどまることなく進展しつつあるネット現象の背後に潜む、「支配と搾取」の「構造的な属性」にスポットライトを当て、掘り下げて考究する。

日々の多忙に追われ、表面的な事象に囚われていると気づくことは少ないかもしれないが、いったんその存在を知ると怖気づくとともに、新たな覚醒がもたらされるに違いない。そして、そうした気づきに触発された深い考察から浮上するであろう、ある意味、おぞましい一面を含む真の構造特性に関する認識は、人に内省を促すとともに、次にとるべき行動ステップを準備し、適切な行為を促すであろう。

フィルターバブルの時代

ここでまた、次のように問い返す人が出てきてもおかしくはない。インターネットはある種の「ユートピア」じゃないですかと。

というのも、何はともあれ、取り敢えずは、自分の言いたいことを簡単にネットで言えるようになったし、その受け止められ方の痕跡も、人が「いいね！」をワンクリックするだけで、半恒久的に残せるようになったじゃないですか、しかもタダで……。さらに、そのお陰で、あらゆる人がほぼ共通して持つ「承認欲求」が、簡便に満たされるようになったじゃないですか、と。

例えば、あたしは性的少数者ですよ、ハイ、それで何か？……といった具合に、容易に告白できるようになったじゃないですか？　少なくとも、そうしたからってすぐ、物理的に傷つけられたり、極端な話、殺されるなんてことも、まず普通は起こり得ないし……。

だが、こうした楽観的な見方がある一方で、ある意味、大手メディアの凋落《ちょうらく》やそうした枠組みを乗り越えて発達してきた現下のネット社会の所産と解釈することのできる新種の犯罪行為が横行している事実は、打ち消し難い。

例えば、長年隠れて行われてきた有名人の性的搾取の暴露や、オトリ的に犯行を煽《あお》って警察に突き出す動画配信で稼ぐ行動、さらには、虚構の不幸をネット配信して巨額の寄付金を募り私的に浪費する行為など、似通った事例は枚挙に暇がないほど、近年頻出している。

個々のケースは千差万別だろう。だが、そうした事案の拡散とスキャンダル化に一層拍車をかけているのは、現下のネット社会の構造特性に起因する面が大きいと考えられる。

というのも、そうした社会現象を支えているのは、特定の情報発信者やネットユーザーを「構造的」に他から隔離し分断する「フィルターバブル」[3]によって、個々のユーザーは安全に、お金を使わずに、ゴマンとあるネットニュースや動画のなかから自分の好みに合ったものだけを閲覧して暇をつぶすことができ、またコメントを投稿したり、リツイートしたりできるからなのである。

要点を繰り返すと、ネット接続の良いところは、通信費や移動費などに煩《わずら》わされずに、ありとあらゆるメディアを渉猟して、とことん楽しい時間を過ごせることにある。だからこそ、いくらそれに時間を費やしても、足りない！　1日8時間でも、あるいは10時間でも、それに没入するといったことが日常茶飯事となり、生活の大半を占めるようにさえなる。しかも、すべてが、無料で、安全に！

こうしてフィルターバブルで保護された個別ネットユーザーの多くは、誰からも揶揄《やゆ》されず（口うるさい批判者は「キャンセル」し「オフ」にしてしまえば一丁上がりだ！）、責任も追及されない〝自分だけのユートピア〟が確保され、不登校も辞さずに、自らの殻に嬉々として閉じこもったまま、1日の大半をソーシャルメディアに没入し、その〝内部宇宙〟だけで過ごすようになる。

そこで出くわすのは、えも言われぬ美男美女から妖怪まで、あるいは極端な大富豪から無一文の失業者まで、指先1つで、お望み通りになる。ニュースだって、好きな時間に好きなトピックだけ、いくらでも見放題だ。自分の嫌なこと、不得意なこと、見たくも、触れられたくもないことなんて、一切見なくて済む。コレこそが、自分にとって「世界のすべて」なんだ。それ以外の一切合財なんて、まったくどうでもいい。むしろ、ない方がましな、クソったれのクズの山に過ぎない。いない、いない、ばあー！　まったくもっていい気味だ。

こうして自分ひとりだけが、自らにとって「全能の神」となる。そして、このような異様な高揚感と陶酔と全能感を、ユーザーは日々ネットに接触するたびに与えられ、それに没入していく。全世界の55億人のネット使用者らは、多かれ少なかれ、そうした「歪曲した接触」に順応し、ある意味、慣れきってしまい、特に何も感じなくなってしまう。[4]

引き続き本書で詳しく検討していくように、このような事象が蔓延した現下のインターネット社会の諸状況は、例えば、かつて蒸気船、鉄道、電気、自動車、航空機、ラジオ・テレビ放送など、今日ではありきたりとなった旧来のイノベーションがもたらしてきた、どちらかというとアジャストメント（調整的な適応）といった次元をはるかに超えて、人類にあらゆる利便性を広範に付与しつつある一方で、いまだその行く末を十分には理解し得ない好ましからぬ影響をも及ぼしつつあると想定される。なぜならそれは、人間の心理に深く入り込み、人間性そのものを根源から揺さぶる凄まじいパワーを秘めているからである。

全能感に満ちた〝幸せな〟ネットユーザー

21世紀の〝幸せな〟「原材料階級」はもはや、カフカ『変身』の、ある朝、起きてみたら毒虫になってしまっていた主人公、ザムザでも、カミュ『異邦人』の、「太陽のせい」で見知らぬアラブ人を射殺して有罪となり、ギロチン台に向かう「不条理」のムルソーでもない。また、金貸し老婆を殺害した自らの行為について、延々と哲学的な内省と自問自答を繰り返す、ドストエフスキー『罪と罰』のラスコーリニコフでもない。

21世紀型の新ネット世代は、何はともあれまずネット媒体を通じて世界を知ることに馴《じゅん》化《か》しすぎた結果、そうではない生の現実にいきなり直面することに疎《うと》く、そうした場合にはしばしば混乱し、驚愕《きょうがく》し、フリーズしてしまう傾向が見られる。そして、対処法がよく分からないため、正真正銘のリアルワールドに慣れ親しむことができず、むしろ意図的に忌避する傾向さえ常態化している。

その帰結として、「現実と非現実を弁別する機能」を学習し活用する機会が激減し、日常生活で不都合を感じ、不適応行動に走る若者たちが増える現象が頻繁に観察されるようになった。今世紀に入り、ますます世界中に拡散しているイジメや不登校問題なども、そうした社会的メカニズムの所産であると考えられる。

近年珍しくないこの種の現象は、これまでの歴史では、そうした傾向を普遍的に拡散する強力で汎用的なニューテクノロジーが欠如していたこともあり、極めて例外的な範疇に収まっていたが、今やそのスケールと影響力の大きさにおいて、21世紀に生きるわれわれが初めて直面する「汎」社会的な問題であるとさえ想定できる。

ウェイクアップコールが鳴り響いて、久しい。もはやネット媒体を通じてまず世界を知り、それと接触すること以外の知識獲得様式とは疎遠になりつつある今世紀の新ネット世代は、むしろインターネット世界でのみ、自らが生き、観客となり、友人や知人を見つけ、あるいは袂《たもと》を分かって、自分の周辺のことをすべて自分ひとりで決められる〝全能感〟に満ちた、唯一無二の絶対的存在なのだ。

そうした〝全能者〟にとって、少しでも自分の肌に合わず、気に喰わず、なじめない他者も、また彼らが物理的に存在するそうした環境も、すべては敵でしかない。本能的に受け入れ難いのだ。そんな、自分にとって不適合で不都合なモノどもは、残らずひとまとめにして〝ライトオフ〟（消去）してやりたい。

そうすれば問題は解決だ。もっと本当に自分らしい自分が生き、また受け入れてくれるネット世界でなら、誰もリアル世界につきものの嫌な思いもせず、ましてや血も汗も流さずに、自分の指先の動きだけで、一瞬にして居たいと思うスペースに飛び込み、やりたいことができてしまうじゃないか。実に簡単なことだ……。

自らの思いに任せて、好きなときに好きなように好きな間だけ渉猟し、自分が真の自分らしく生きることのできるネット空間ほど、自分にピッタリなモノは他にないだろう。コレこそが、自分の生きる唯一の理由であり、生き甲斐なのだ。他のことなんてどうでもいい。親や兄弟や、学校の先生や生徒たちや、近所の顔見知りや、遠くの親戚など、そうしたすべてのことどもが、心の底から厭《わずら》わしい。

こうして、若者は自室に籠もり、ますますインターネットにのめり込むようになる。次第に、またある場合には突然、学校に行くのをやめ、家族とも口をきく機会が激減し、自分の寝たいときに寝、起きたいときに起き、食べたいときに食べ、あとはひたすらスマホやパソコンのディスプレーとにらめっこするだけの日課をこなすようになる……。

だが、ちょっと待てよと、事情通はここで遮《さえぎ》るかもしれない。そうだ、それはグッドタイミングだ。そして、高い確率で、その指摘は正鵠を射たものである場合が多い。

というのも、ネット上の活動が厳密に単純な「探索」だけで終止するのならまだしも、たとえほんのわずかでも双方向のコミュニケーションが絡んでくるや否や、まったく新たな力学に取り込まれ、もはやその軛《くびき》から「逃げ切れなくなる」からだ。しかも、24時間365日でだ。そこから前代未聞の「オタッキー地獄へようこそ！」の世界が始まる。

しかも、いったんそのアリ地獄に墜ちてしまったら「出口なし」だ。そして、不幸なことにそこから先は極めて頻繁に、陰惨でときに悲劇的な旅路とさえなる不気味さを秘めている。

とりわけ、ただでさえ普段から内向的で引きこもり気味の新参者なら、格段に要注意だ。そして、そこから結局、リアルにもネットにも馴染めず、敗残者として完全に行き場を失ってしまう確率は決して低くはないだろう。対照的に、いわゆる〝コミュ力〟の高い人間は、ネットでもリアルでもうまくやっていける可能性が高いというのが、多くの観察者の抱く〝肌感〟ではないだろうか。

ひと昔前の比較的素朴なイビリ行為を、ネット後のイジメと比較すると、その明白な違いが分かる。というのも、現代のイジメの顕著な特徴は、その〝際限なき浸透性〟にあるからだ。つまり、現在では、学校から帰宅後も、あるいは、季節ごとの長期休暇で地理的に離れていても、そんなことには一向にお構いなく、時空を超えてイジメ行為が継続し、ネット空間に記銘され続けるのが日常茶飯事となっている。そして、こうした事態は世界中に拡散している。

近年、日本を含めて世界的に、学童間のイジメや不登校が蔓延し、常態化している現象も、このような文脈で捉え直すと理解が深まるかもしれない。そして、特にイーロン・マスク自身が投稿した、1日あたりの Twitter（現X）使用時間の国際比較（2023年7月）で、日本人がダントツであることを思い起こすとき、なぜこの国で、先鋭的な「引きこもり」を含むそうした行動様式が問題化しているのかを解く鍵が見つかるかもしれない。

先の注4でも言及した1980年代初めの佐藤隆三教授の〝ミーイズム〟への懸念は、当時のアメリカだけでなく、2020年代の今日では、日本を含む世界共通の現象として、はるかにひろく行き渡った深刻な社会問題として、その喫緊性が増しているのである。

いずれにせよ、真に由々しき問題は、そうした現代社会に生きるわれわれの知り得る限り、あふれんばかりの威力で押し寄せてくる、一方的な「感情の暴発」と、そこから発出する「残虐行為」を、事前に「予知し、制御し、予防する」有効な手立てがほとんど見当たらないことなのかもしれない。

次にこの点を、キャンセルカルチャーと関連づけて考察してみよう。

キャンセルカルチャーと炎上——感情暴発の自由化

先に述べたフィルターバブルの時代は、その仕組み上、魔女狩りの21世紀版とも言えるキャンセルカルチャーに容易に結びつく。「キャンセルカルチャー」とは、主にSNS上で、特定人物のかつての言動などをあげつらってその人を攻撃し、社会的追放に追い込む現代的な排斥活動の一形態である。多くの場合、その矛先は、政治家や芸能人などの著名人や、特定の一般人に向けられ、過去の不適切な言動や不祥事、犯罪記録などを暴露し、大衆に拡散して〝炎上〟を誘い、その社会的地位を失墜させる運動や、それを是認する風潮を指す。[5]

この用語は、2010年代中頃からアメリカ発で全世界に拡散し、2019年後半にはGoogle検索でトレンド入りして一般化した。ほとんどの場合、否定的なニュアンスで用いられるキャンセルカルチャーは、SNS上を跋扈する〝指先の動きだけ〟で世の中を変えたような高揚感と幻想を安直にネットユーザーが味わえることから、著しい普及度を示したが、①法治主義からの逸脱、②対抗言論の否認、③標的の恣意性などにより、バラク・オバマ元米大統領をはじめ多くの批判者がいる。

一方、これと似通った日本語の概念として「炎上」が注目される。これは、SNSのコメント欄等において、稚拙な批判や誹謗中傷を含む投稿が集中する現象を表しており、2001年にSNS掲示板「2ちゃんねる」の野球版に出現したのが現存最古の記録とされ、ブログが一般に認知され始めた2004年頃から広まった。

英語で〝flare〟と称される「炎上」は、海外でも多く見られ、アメリカの調査でもXやFacebookなどのSNS利用者が、タイトルだけを見て特定のコメント投稿をリツイートし拡散するケースが6割を超えている。そこでも、ほとんどの場合、リンクされた引用元の記事をちゃんと読まずに、歪曲されたタイトルのみに飛びついてコメントするという、感情的な投稿の連鎖が発生し、大々的にフツーの人も参加して、炎上するプロセスには変わりない。[6]

どちらかというと、キャンセルカルチャーは社会・政治的な動機にもとづくものが比較的多く、それに対して炎上は、ブログのコメント欄等における応酬合戦といった側面が強いが、いずれにせよ、多くの場合、匿名や偽名を介した〝指先1つの〟安直な弔い合戦といった側面が否定できない。

こうして日米をはじめとする世界中のあちこちで、匿名性で保護された公衆の見守るなか、不倫をした芸能人や、許容し難い行為を暴かれた政治家などが、21世紀型の〝魔女狩り〟によってネット上で〝袋叩き〟に遭い、次々と干され、消えていく。

つまりそこでは、インターネットという正確無比で、数億人という観覧ユーザーを同時中継で動員できる仕掛けのもとで、「正義感の暴走」「民主的ツールの暴挙」とでもいった「集団リンチ」が、日常茶飯的に行われているのだ。少なくとも数十年来の歴史的発展を経た〝ポリティカル・コレクトネス〟の追求文化が、そうした動きを増長させている。

しかも、そういった支持を強く表現しないと、〝日和《ひよ》っている〟と見なされることがあるため、必要以上に強く意見表明することが常態化する。そして、これにはSNSがうってつけなのだ。互いに顔が見えないし、共時性に気を使う必要もない。深夜であれ、早朝であれ、お構いなしに、自分の感情をブチ込んでおけば、それだけで済む。後でスレを見た相手がどう思おうが、知ったこっちゃない。エエイ、面倒だ、ちょうどいい機会なので、この際、直接関係のあることないことすべて、思いの丈を一挙にブチまけてやろう。その先どうなるかなんて、知ったことか。

かような感情的反応、言わば「感情の暴虐」のアウトレット（はけ口）が、以前にはまったくなかったやり方で、安直・安価・便利に、民にご都合よく、ドォーッと一気に、タダで、無差別に、与えられてしまっている。そのため、今日われわれが日々体験する炎上をはじめとする一連のリアクションは、その直情的な帰結にすぎないのだ。

そして、意義深いことには、そうした行為をしている最中のワタシは、今、ようやく史上初めて、そのすべての奔放で透過効率の高い自由行動を通じて、より良い民主的な社会を、この地球上に実現しようとしているのだ。

さらに、最も重要なことは、こうしたワタシの、そして、われわれ全体の、動きを止める正当な権威者はどこにもおらず、そうした仕組みもないことなのだ。ヘナチョコな権力者や管理者を自認する者が、これを諫《いさ》めても、やまない。

そうだ、昨今暴威を振るうそうした諸現象の一切合財は、たった1つの膨大で新たな社会のうねりを暴露している。それは「感情暴発の自由化」であり「感性の自由貿易」なのだと……。

第2章

分断加速のメカニズム

閉じた世界観のルーツにようこそ！

ここで、いや、ちょっと待ってくれと、独りごつ人がいるかもしれない。そこにすぐ思い当たるような人は、ある世代以上の年配者か、あるいは、近過去の歴史をよく知る事情通に違いないだろう。なぜなら、近年のキャンセルカルチャーや炎上に似通った事象は、より限定的な形式と範囲内で過去を探ってみれば、特殊な例として、数十年前から立派に存在していたからなのだ。つまり、そこには〝デジャヴ〟（既視感）があるんじゃないかと……。

例えば、1971年の大晦日から72年2月中旬にかけて、極左テロ集団の連合赤軍が、極寒の群馬県内の山中でアジトを転々としながら、同行する29人のメンバー中12人を次々と、残虐なやり方で殺害した集団リンチ殺人事件である。[1]

その最高指導者の森恒夫（1973年元旦に東京拘置所で自殺）と、ナンバー2の永田洋子（死刑囚として収監された東京拘置所で2011年2月5日に脳腫瘍のため獄中死）の過激なリーダーシップのもとで、このちっぽけで〝閉ざされた〟非合法過激集団の内部では、警察の追っ手の迫るなか、コミュニティー内の特定メンバーに対する「総括」が、急激に粗暴化する形で実施されていった。

一部のメンバーは、「組織に対する裏切り者」と断定され、「死刑宣告」されたうえで、絞殺された。そうした残虐行為に加わらないと、次の標的になる恐れがあるため、皆、強制的に加担した。そして証拠隠滅のため、遺体はすべて全裸にし、土中に埋められた。これが彼らの「内ゲバ」（同一セクト内での暴力行為）の実態だった。他方、この間に、計4人の脱走者も出た。

2月17日、警察の追っ手を逃れて妙義山を移動中だった森恒夫と永田洋子らは、山狩りの警察官に発見され、格闘の末、遂に逮捕された。

2月19日午後、山を越えて長野県軽井沢にたどり着いた残る5人の連合赤軍メンバーらは、他の4人の同志が同じ日の午前中に軽井沢駅で逮捕されたことを、ラジオのニュースで知った。そして、河合楽器の保養施設、あさま山荘に押し入り、管理人の妻を人質に取って10日間の籠城を開始した。

2月28日夕刻、警察が配備したクレーン車で吊り上げた巨大な鉄球を何度も打ちつけ、山荘の壁が壊された後、機動隊の強行突入により、既逮捕者と脱走者を除く連合赤軍の生存メンバー5人全員が逮捕され、人質は無事救出された。国民は連日連夜、テレビの生中継に釘づけとなりながら、固唾をのんで、成り行きを見守り続けた。その間、犯人らの血縁者や関係者などが、山荘近くに設置されたラウドスピーカーで投降を呼びかけたが、応じる者はいなかった。

一方、山荘の窓から犯人が撃ったライフル銃の弾丸が、警視庁第2機動隊隊長、ならびに特科車両隊中隊長に命中し、2人の殉職者が出た。また2月22日には、警備の隙を突いて山荘の玄関に向かった民間人が、刑事と見なされて銃弾を受け、入院した病院で3月1日に死亡しており、犠牲者は合わせて3人に及んだ。なお、脱走していた残りの連合赤軍メンバー4人も、翌3月中に全員が出頭し、逮捕された。[2]

さて、当時を知る同時代人には、実感とともに記憶が蘇ってくるはずだが、1960年代後半から1970年代初めにかけて、世界の多くの先進国で学生運動の嵐が吹き荒れ、わが国においても、数ある学生セクトや過激派集団などがゲバ棒とヘルメットで武装して、街頭や駅や大学キャンパスなどでデモ行進し、機動隊と暴力的な衝突を繰り返して、多数の負傷者が出ることも日常茶飯事だった。連合赤軍はそうしたなかでも、飛び抜けて過激だったのである。

*

科学的に厳密な証明と精査は、その道の専門家に任せよう。とはいえ、こうした事例を通して、取り敢えずわれわれは、次のような実践的な命題（判断基準）に行き着く。つまり、〝閉じ切った〟「エコーチェンバー」（反響室のこと――次節で詳述）では、駄目だということだ。

犯罪分析の専門書ではない本書では事件名の言及にとどめるが、少なくとも近年の日本人には記憶に刻まれている、上述の連合赤軍リンチ殺人事件（1971～72年）や、今世紀初頭の池田小学校児童殺傷事件（2001年）、秋葉原無差別殺傷事件（2008年）、さらには、京都アニメーション（京アニ）放火殺人事件（2019年）や、すすきのホテル殺人事件（2023年）なども含めて、これらすべてに共通する重要なメッセージは、次のことを示唆しているのではないか？

つまり、〝閉じ切った〟エコーチェンバー・システムに閉じ込められたままだと、人は遅かれ早かれ、そこに内在する「構造的な脆《もろ》さ」の犠牲になるということだ。さらに、その閉じ方が完全で強固であればあるほど、そこに起因する「病」の深刻さも増すばかりだと想定できる。

実はあるシステムは、どこかで「破けて」いた方が、より健全なのかもしれない。つまり、ある部分では閉じ、他のある部分では開いている方が、システムとしては、より合目的的であり、健康を保つのに適していると考えられるのだ。そして、そうした「半閉半開システム」は、その閉じ方と開き方を、環境変化に応じて適宜、微妙に変化させることによってこそ、自らにロバストネス（頑強さ）をもたらす。そのため、より生存能力が高く、より成長も望めるだろう。

逆に、「開く」というオプションを忘却し、情報はほぼ一定方向に流れるだけで、「閉じっぱなし」の硬直的なシステムは、早晩、破綻への道をたどるに違いない。

先に挙げた事件はいずれも、その発生の時期も、犯行に至った人物たちの属性も、直接の動機も、それぞれの時代に特有の社会環境も、表面的にはすべてバラバラに映るかもしれない。

だが、より深い分析のレベルで再精査してみると、実はある1つの共通項をシェアしていることが分かる。それは「システムの硬直性」である。

つまり、ひとたびことが始まってしまったら、犯罪者たちは、ますますその一方向にのみ狂乱状態で突き進み、加速し、とどまることなく、破滅への道を真っ逆さまに堕ちていったのだと解釈し得る。その結末が、いかに想像を絶するほど恐ろしくても、お構いなく、壊れた機械のように、奈落へ向かって最後の狂い咲きを試みたのだ。そして、その帰結として、何かが存在の根元から折れ、あるいは、まったく修復不能なやり方でひしゃげ、「脱臼」してしまったのである。

エコーチェンバー現象でねじれ、フィルターバブルに溺れ、分断は加速する

今日、SNSの普及とともに、広く「エコーチェンバー（反響室）現象」が蔓延するこうになった。この現象は、自分と同質的な特定の意見や思想を持った他者が集まる場において、自分の考えが積極的な賛同を得ることにより、それが唯一の正解であるかのように

誤認もしくは勘違いすること（が正当化されること）を通して、そのまま「反響室」のように増幅し強化され、排他的なコミュニティーが形成されるプロセスを指す。

その結果、その閉鎖的なコミュニティー内では、自分たちとは異なる意見や思想、ならびに、その持ち主の排除や禁止が当然のごとく常態化し、〝自慰的な集団形成〟とその増長を生み出す。そうした「見たくない情報の遮断機能」、すなわち「フィルター」のせいで、自らの観点に合わない情報から隔離され、同質的な意見をもつ者だけで群れ集まるにつれて、あたかも各集団ごとに思想的・文化的な〝バブル〟（情報皮膜）の内部に孤立するようになる。そこでは、自分たちが見たい情報や、そうと意識されずとも特異で一面的な情報のみが横溢《おういつ》し、そうした過剰な「泡」（バブル）のなかで、あたかも〝溺れた〟ような状況が常態化していく。この現象が「フィルターバブル」なのである。[3]

このようなエコーチェンバー現象も、フィルターバブルも、疑いなく人々の排他的な〝分断〟を促進する。さらに、インターネットが世界的に普及し始めた1990年代初期に、一部の楽観主義者たちが夢見た方向性とは真逆に、「群衆リンチ症候群」[4]「サイバーカスケード現象」[5]「確証バイアス」[6]「サイバーバルカン半島化」[7]といった、枚挙に暇がないほどの、ネガティブで新奇なコンセプトが生み出されてきている。

また、第4章で詳述するように、2016年のイギリスのEU離脱決定やトランプ米大統領の当選も、「エコーチェンバー」や「フィルターバブル」の仕組みを巧妙に世論誘導に利用した選挙コンサルティング活動の所産だったことを示唆する証拠も挙がっている。

とはいえ、注意深い読者諸賢ならすでにお気づきで、ある意味、既視感とともに振り返られるかもしれないが、前述のそうした一連の〝新しいコンセプト〟や〝新語〟は、実はそれほど新奇でも珍しくもなく、さらに重要なことには、特段SNSや電子掲示板など〝新しげな〟事物の専管領域でもないかもしれないのだ。

いや、むしろ「群衆リンチ症候群」「サイバーカスケード現象」「確証バイアス」「サイバーバルカン半島化」などの用語やコンセプトから、「サイバー的な要素」を取り除いてなお、ほぼそのままインターネット「以前」の社会現象の分析にも、極めて有効に適用可能なことが分かるであろう。というよりも、むしろ取り上げるケース次第では、そうした古典的な事例においてこそ、ドンピシャリの適合性が認められる場合もあると考えられる。

例えば、先に見た連合赤軍の集団リンチ殺人事件では、極端な暴力による革命思想に凝《こ》り固まった一握りの若者たちが、積雪した真冬の山中を逃げ惑うなか、自分たちの世界観にそぐわない情報を遮断する「フィルター」によって集団隔離を行い、その閉鎖的な仲間内だけに通用する強固な自己増幅機構が先鋭化していった。

ところが、その少人数だけの〝完全に閉じ切った〟「出口なし」のグループ内において今度は、たとえほんのわずかでも、過激なリーダーたちとは異なる考えや趣向や癖を持つ者への糾弾が始まるとともに、そうした新たな動きは瞬く間に仲間による「総括」、つまり自己批判の強要から集団リンチ、さらに事実上の〝死刑執行〟へとエスカレートしていったのである。

こうして一方向のみに常軌を逸して突っ走るだけのマシーンと化したこの過激集団内では、仲間内に過剰な〝バブル〟と、全員がそれに〝溺《おぼ》れた〟ような状態に陥る「フィルターバブル」が発生し、その最終的な解消には、リーダー2人の逮捕、12人の〝リンチ刑死〟、5人による立て籠もり事件（外部者3人を射殺）と逮捕、さらには、別途4人の逃亡と逮捕などを待たねばならなかったのである。

このような事象は、決して個々のメンバーの資質や学歴不足に起因して発生したのではない。なぜなら、彼らの大半は大学卒かそれと同等の学歴を持っていたからだ。仲間に殺害された者のなかには、横浜国立大学（3人）、京都大学（1人）、早稲田大学（1人）、明治大学（1人）などに学籍のある者もいた。[8]

半世紀以上前に起こったこの事件が一再ならず示唆すること――それは、〝閉ざされた〟エコーチェンバーでは、〝過剰な泡にスッポリ覆われた〟フィルターバブルによって早晩、破滅的な症状が発生・蔓延し、最悪の事態に至るまでは、著しく収束が難しいことである。

1990年代のネット・オプティミストたちの非現実的だが希望あふれる予言にもかかわらず、ネット社会においてすら、いや、より正確には、21世紀の膨張しきったネット空間だからこそ、プロトタイプ的に現れたかつての連合赤軍リンチ殺人事件の真髄が、もはや物理的な制約をはるかに超えて、汎地球的な規模で際限なく拡散し、人々の生活の隅々にまで浸透しつつあるように見受けられる。

その結果、人類の行く手には、ひと休みすることすら許されない、憂慮すべき諸問題が、堆積している。なかでも、真正面から取り組むべき難題の1つは、「広がりによって、狭められる」という、今日われわれが直面する癒やし難い〝逆説〟である。

ところで、先に言及した連合赤軍、池田小学校、秋葉原、京都アニメーション、すすきののホテルなどのケースはいずれも、特定の人物たちが明確な犯罪者として認知された凶悪殺人事件だった。ところが、それらとは対照的に、次節で論じる若い日本人女子プロレスラーのケースは、SNS上で、主に匿名の不特定多数者からの集団攻撃によって、犠牲者が自殺にまで追い込まれるという、逆方向のベクトルを持った、21世紀的な〝追い込み型〟の自殺誘導ケースだった。近年はむしろこのようなパターンの方が激増する傾向にある。

次節では、そうした最近の事例に即して、この問題を論じてみよう。

広がりによって、狭められるという〝逆説〟

インターネットの登場によって、人々はそのつながり方の根本的な変化とともに解放され、より民主的な諸社会の建設と前進がもたらされるだろうという、今となっては根拠のあやふやな命題が、おめでたい幻想として葬り去られてから、ほぼ四半世紀が過ぎ去った。そうした実感は、人々の記憶に残る世界的大事件だけでなく、誰もが日常的に接するちょっとした個人的体験や、ネット上にあふれる些末《さまつ》でときに異常な他人事の情報に頻繁に触れざるを得ない諸状況によって、より一層感じられる毎日なのである。

かつてのソビエト連邦では、ジーンズを履いていただけで、不謹慎な資本主義の回し者とされた。また、ビートルズなど発禁扱いの西欧ポップミュージックのＬＰレコードを、病院から廃棄された大量のレントゲンフィルムを転用して非合法に制作し、流通させた者たちも、犯罪者として扱われた。

だが当時は、それを旧社会主義国の「奇異な愚行」として一笑に付し、より〝オープン〟だったはずの西側社会も、今やインターネットの普及とともにすっかり様変わりしてしまった。なぜならそこでは、ネット社会のあらゆる側面において、驚くべきことに〝自発的〟もしくは〝自然発生的〟に、たとえほんのわずかでも特定の社会規範や慣行から〝はみ出た行為〟を見つけるや否や、感情を剥き出しにしてその〝異物〟を徹底的に糾弾し、弾き出そうとする、「締め出し」現象が頻出しているからだ。

それはあたかも、かつて逃げ惑う連合赤軍グループ内で、いかなる小さな〝逸脱〟も見逃さず、特定の個人に自己反省を強要し、集団リンチを加えて、数日のうちに死に至らしめた虐待行為を彷彿とさせるものかもしれない。しかも、ネットというフィルターを介して、数十万から数百万という大量のフィンガーチップにより、〝匿名で〟勝手気ままに行われる21世紀型の集団リンチは、はるかにたちが悪いのだ。

例えば、「炎上」に参加するのは、全ユーザーのわずか0・5％ほどだが、対面接触の可能な人数に比べると、ネット人口の母数が桁違いに多いため、大勢から非難されているように感じやすいという「構造的な問題」が、ここには厳存している。

その典型例の1つは、今世紀に入り、まるでパンデミックのように世界的大流行となったテレビの「リアリティーショー」における不祥事の多発である。

多くの場合、これは一定期間、一般の若い男女複数名をシェアハウス内などに閉じ込める形で共同生活させ、筋書きやシナリオなしで、彼らの間で何が起こるかを、各部屋の隠しカメラ等で克明に記録する。多くは素人の出演者の間で展開される葛藤・敵対・友情・恋愛などの行動記録を編集して、テレビ番組として放映する形式をとるのである。

だが、次第に視聴率向上のため、参加者の間で進行する乱雑な性生活や激しい喧嘩《けんか》など、過激さを売り物にする企画物が増え、それとともに、特定の出演者に対する、SNS上のバッシングもうなぎ上りとなった結果、2021年までに、アメリカ、イギリス、フランス、スウェーデン、韓国、日本などで40名を超える自殺者が出た。

日本で最初の犠牲者となった、ある若い女子プロレスラーは民放のリアリティー番組に出演し、番組内での自身の言動に対してSNS上で誹謗中傷の集中砲火を浴び、それが原因となって2020年半ばに自殺した。その後、彼女に対する侮辱容疑で20代と30代の2人の男が書類送検され、いずれも略式起訴で科料9000円の略式命令を受けた。30代の男は、「誹謗中傷が多く投稿されているのを見て自分も投稿した」と証言した。

随分と〝安い罰金〟、そして、〝安直極まりない動機〟だった。これこそが、フィンガーチップ世界におけるニューノーマルであり、またニューリアリティーなのだという打ち消し難い事実を、もはや誰もが受け入れざるを得ない日常世界が、すぐそこの角を曲がったところで待ち構えているのかもしれない。

この種のリアリティーショーを、精神科医の斎藤環は「現代によみがえった円形闘技場（コロシアム）」になぞらえ、次のように述べている。[9]

「古代ローマでは円形闘技場でさまざまな闘技が見世物として人々の娯楽となった。剣闘士（グラディエーター）による猛獣との闘い、あるいは剣闘士同士の闘いに人々は熱狂した。キリスト教の影響で衰退するまで、この手の残酷な見世物は数百年近くも続けられたのである。いわゆる『パンとサーカス』のサーカスにあたる血なまぐさい娯楽。闘いはかならずしも殺し合いではなかったようだが、おびただしい流血が大衆の眼を歓ばせていたことは間違いない」

世界最大のプロレス団体の創業者であるビンス・マクマホンは、プロレスにリアリティーショーの演出を盛り込んだことで知られ、また彼と親交のあったドナルド・トランプは、NBCテレビのリアリティーショー『アプレンティス〔見習い〕』――セレブたちのビジネスバトル』の司会役として、全米の流行語にもなった「お前はクビだ」を毎回叫んで一躍有名となり、大統領への道筋をつかんだ。つまり、見せかけとハッタリ以外に、その生業において何ひとつ人に誇るに足る業績のない者が、大博打の連続によって決定的に勝利したのだと論じる者も出た。それ以降、プロレス興行と米大統領選勝利のノウハウが直結した、史上稀なる成功物語の軌跡を、人々は日常の出来事として受け入れざるを得なくなった。

こうしてリアリティーショーの成功を踏み台に、プロレス的なエンターテインメントとしての大統領選にも勝ったトランプは、その支持者らとともに、虚実皮膜のリアリティーを消費し、言わば栄養分として摂取することによって、楽しんでいるようにさえ見える。つまり、リアルとノンリアルの演出との境界が曖昧となったまま、2つのもともとは好対照だったはずの世界観が癒着しているのだ。

ところで、そうした一部の例外を除けば、大多数の人々はそのような分裂した状態に十分には慣れていないため、どう対処したらよいのか戸惑うのが通常である。そのため、たまたま置かれたフェイクの状況に対しても、それに対応して表出される反応は多分にリアルな感情を孕《はら》んでしまうケースが多い。そこに、著しく感情負荷の高いスプリットマインド（引き裂かれた心理状態）が生じ、制御不能に陥ると、自傷や自殺を含む、極めて危険な事態と紙一重となる。

「閉鎖空間」を演出する多くのリアリティーショーでは、仮に番組制作者がエグいキャラを一層誇張して演じさせるような〝強化子〟（報酬）を投入して参加者を誘導したのであれば、先の斎藤環も断じるように、「それは命令や強制よりもタチが悪く残酷」なのだ。

２０２０年後半に、アメリカでも複数のリアリティーショーの常連だった女性歌手ティマー・ブラクストンが自殺未遂を起こした直後から、状況改善を訴えるための闘いを開始した。

彼女の証言の主眼点は次の通りだ。すなわち、番組制作者にとって「私が本当はどんな人なのかなど、何の意味もなく」、「自分は視聴率と企業の利益だけのために存在」し、「リアリティー番組の出演者には、組合もなく、明確な労働基準もなく、権利もなければ、意見も聞いてもらえない」うえに、「番組側は『チャンスをあげたんだ』と言いますが、実際には搾取される」ばかりなのだと。端的に言えば、出演者は、番組側にとって「露骨な手段化の餌食」になっていたことになる。[10]

一定の経験を積んだブラクストンですら自殺を試みたほどだから、より経験の浅い先の日本人女子プロレスラーにとって、その精神的重圧がいかほどのものであったのかは想像に難くない。ここでも、出演者の安全よりも視聴率の方が断然優先されていたことがうかがえる。しかも、経験を積んだ舞台俳優とは異なり、素人同然の彼女は、番組内で割り当てられたフェイクの役割を仮面のように簡単には取り外せずに、自身の日常生活においてもリアルとノンリアルの境界をさまよった。

斎藤環は雄弁に論じる。

「加えて、番組内で表出された感情は必ずしもフェイクではないので、キャラと自分の切り替えが次第に困難になる。感情のやりとりで流す血は、俳優のそれは血糊だが、ショーの出演者の流す血は限りなく本物に近い」

「報道されたショーの犠牲者……の多くが、演じたキャラへの批判を苦にしての自殺だったのも無理もない。俳優としては発展途上である上に、あえてキャラと自身の区別がつきにくくなるような演出を強いられれば、SNS上に殺到する批判が『リアルな自分』を殺そうとしていると感じたとしても不思議はない。人格や感情のリアリティーを売り物にすれば、ある程度予測された帰結ではある」

そして、彼女の出演した日本のリアリティーショーでは、数名の有名タレントが副音声で出演者をいじるコメントを流すスタイルをとっていた点に言及して、このスタイルがSNS上の炎上を激化させた可能性を指摘したうえで、「演出されたキャラをいじるということは、そのキャラをいっそう固定化することを意味するため、批判の声をヒートアップさせる効果は確実にあったであろう」と断罪するのである。加えて、今後の出演者の安全を確保するための予防策として、番組の「虚構度」を上げることによって、出演者と視聴者の双方に、リアルとノンリアルの峻別を常に意識させる必要性を論じた後、番組検証委員会に対して、次のように雄弁に締め括る。

「もしこれらのことが『リアリティーの邪魔になる』とか『視聴者の興を削ぐ』とかいう理由で却下されるのであれば、せめてあなた方は出演者の安全よりも視聴率を選んだのだという自覚くらいは持っていて欲しい。残念なことにこの手の番組はいまだに合法であり放送倫理にも違反していないから、制作を続けることはできる。しかし私のように、その『残酷さ』『野蛮さ』に心を痛めているものが少なくないという事実を、どうか忘れずにいて欲しい」

図星である。こうした的確な批判等も含めて、本節の考察は、次の2点を示唆する。

第1に、「他者を抑圧」しなければ済まないという人間性の暗い側面を、ネット社会の普及と拡散が一層増長させ悪化させているのかもしれない点である。そのため、指先1つで訳もなく赤の他人を貶《おとし》め、付和雷同的に「いいね！」を連発すればオシマイでスッキリするといった安直さから、事件を起こした有名人の丸刈りとスーツ姿で陳謝する姿が、半永久的にネット上に記銘され、拡散することになる。

第2に、われわれを取り巻く社会はどんどん自由で開放的になっているはずなのに、人間同士の〝自由意志〟で、自分「以外」の誰かをとりわけネット媒体で安直に糾弾する傾向がますます強まってきていることである。これが、「広がりによって、狭められている」という、まさに現下のわれわれが直面する〝逆説的な事実〟なのである。

さて、このような認識を踏まえたうえで、次章では、そうした昨今の社会現象に至った歴史的経緯を手短に、ビジネス史の視点で俯瞰的に検討してみよう。

第3章

ネットビジネスの新たな支配

21世紀、「監視」ネットビジネスの出現——カテゴリーが違う

21世紀に入ると、アメリカ発のネットビジネスが怒濤のように押し寄せ、GAFAMは掛け値なしに、コペルニクス的転回を成し遂げた。その圧倒的な時価総額と利益率は世界を席巻している。

今や人類の3分の2の利用者に次々とオファーされるサービスは、一見便利で、無料である。先述のように、過去12年ほどの間に世界人口に約12億人増え、インターネット利用者は19・71億人（普及率28・8％）から約2・8倍の55・44億人（同69・0％）に達した。[1]

仮に原資の伸び率が幾何級数的だったとしても、市場は指数関数的に自己増殖している

と想定される。つまり、ネットビジネスがいったん軌道に乗れば、楽々と、倍々ゲームで稼ぐことができる。インターネットは、それまで物理的なつながりに幽閉されていた人間関係を解き放ったばかりでなく、そこに新しく、途方もなくボロ儲けのできるフロンティアを出現させたのだ。

振り返ってみると、21世紀の初頭までは、20世紀型大企業の時代だった。1995年時点の世界時価総額ランキング上位10社には、NTT、ゼネラル・エレクトリック（GE）、AT&T、エクソンモービル、コカ・コーラ、トヨタ自動車などが名を連ねていた。2005年でさえ、GE、エクソンモービルが1位と2位を占め、トヨタは9位と、やはり馴染み深い大企業が常連だった。

ところが、2015年には風景が一変する。1位アップル、2位アルファベット（グーグルの親会社）、3位マイクロソフト、6位アマゾン・ドット・コム、7位フェイスブック（現メタ）となり、顔ぶれがすっかり入れ替わってしまった。かろうじて8位にGEが残っていたものの、この10年間に、何か途方もない大きな変化があったことが感じ取れる。[2]

2020年になると、GAFAM5社の時価総額の合計は、日本の東証1部（当時）の約2170社を合算した時価総額を超えた。つまり、わずか5社の新興IT米企業が、日本の大手2170社を超えたのだ！　さらに翌2021年には、アメリカ全体の歳入（連邦政府・地方自治体・社会保障基金の年間収入を表し、税収と税外収入の総計785兆円）をも超えるに至った。つまり、これら民間企業5社の時価総額の合計は、2015年の260兆円から2021年には955兆円へと、わずか6年で約4倍に増大したのだ（いずれも当時のドル円為替レートで換算。以下同じ）[3]。

ところで、特別会計を除いたわが国の2022年度における一般会計予算は107兆5964億円で、これに特別会計を加算しても245兆円程度である。これに対して、2021年の世界ランキング1位アップル（つまり民間企業1社）の時価総額は247兆円と、この時点ですでに日本の国家予算総額を超えていたのだ！　続く2位マイクロソフトは223兆円、4位アマゾンは191兆円、5位アルファベットは183兆円、6位フェイスブックは111兆円となっている。つまり、当時GDP世界第3位の日本の国家予算と比べても、GAFAM各社の時価総額の規模は、これほどまでに巨大なのだ[4]。

GAFAMの2016年から2020年までの業績を精査すると、その全体傾向は明白である。一方では、天文学的とも言える巨額の儲けがあり、他方では、そこから莫大な費用を研究開発（R&D）に先行投資しているのである。

同じ期間の売上高では、フェイスブック、アマゾンとともに約３倍伸びている。営業利益率を見ると、アマゾンは倉庫を持っており、この点で現業に近い特性があるため、３～６％と低めだが、その他の各社は、物理的に原資を要さないネットビジネスの仕組みを反映して、40％前後と著しく高い（トヨタは８％前後）。

そこでは、比較すると圧倒的少数の優秀な人材が、失敗も許容される大胆な試みや新しいアイデアを、積極果敢に研究開発に投入し推し進めていることが見て取れる。その結果、ＧＡＦＡＭの研究開発費の総額（推計）は、２０２３年に２０００億ドルを超え、同年の日本の一般会計予算の４割近くに達した。[5] これが、彼ら21世紀型企業の常態なのである。

２０２０年度のＧＡＦＡＭ全体の研究開発費は、トヨタの12・８倍だった。すでにこの時点で、世界一の自動車生産量を誇るトヨタは、フェイスブック１社にさえ、研究開発費で負けている。さらに、２０２３年初めの時価総額では、辛うじて日本企業で唯一世界の36位にランクインしていたトヨタだったが、同年の後半には一時期、上位50社のリストからも消えてしまった。

決してトヨタが悪くなったわけではない。それどころか、同社の業績は依然として傑出している。だが、すでにそのルールも含めて、ゲーム自体がすっかり変わってしまったのだ。つまり、そこには２０１０年代以降、顕著となった産業構造の「地殻変動」が直接関係しているのである。

牧歌的だった20世紀のパラダイムシフト

通常、根源的なパラダイムシフトは世紀単位でしか発生しない。20世紀初頭には、ヘンリー・フォードの「大量生産」が世界を一変させた。その極度に高い生産性は、物理的制約を大幅に緩和し、それまで優位を保っていた欧州式の「手作り生産」（craft production）に取って代わった。

ジェームズ・P・ウォマックらの『リーン生産方式が、世界の自動車産業をこう変える。』（経済界、１９９０年）は、１９１３年秋の欧州式後期クラフト生産と、フォード・モーターが大量生産を始めた１９１４年春のデータを比較し、後者の驚異的な生産性の高さを実証した。つまり、完成車１台をつくる所要時間は、クラフト生産の７５０分（12・5時間）に対して、同社の大量生産ではたったの93分（１・55時間）にまで減少したのだ。つまり、旧来のやり方のわずか12・４％で済むという、凄まじい生産性の向上が見られた。

絶頂期の1923年、T型フォードの生産台数は210万台で、つくればつくるほど価格は下がり、マーケットシェアを伸ばしていった。ただし、その一方で、フォードは1920年代における力テゴリカルな市場変化の特質を見抜いてはいなかった。つまり、彼は、今日の経済学でいう「限界効用逓減の法則」をまったく理解していなかったのだ。

それまで、広大なアメリカ合衆国では馬車や船、ならびに、まばらな鉄道網しか交通手段がなかったところへ、さっそうと自動車が登場し、簡単な故障なら自分で直せて、ガソリンさえ補給しておけば、好きなときに、どこへでも乗り回すことができるようになり、著しく利便性が向上した。つまり、この段階で入手した1台目は最大限の効用をもたらし、消費者にとって、まさにクルマは救世主となった。

ところが、社会全体が豊かになり、各家庭で2台目、3台目のクルマを購入する余裕が出てくると、その都度、必然的に効用は激減する。

だが、フォードはそうした状況の変化に気づかず、依然として生産性を上げて価格を下げさえすれば、同じT型フォードのままで、売れ続けることを確信していた。

ちょうどその頃、ライバルGM(ゼネラル・モーターズ)のアルフレッド・スローン社長が、今日「差別化」としてよく知られる経済学の概念を、実践に移した。これは、それぞれの顧客のフトコロ具合と目的に応じて自動車を供給する（serving "every purse and purpose"）という新しい考えにもとづくものだった。

とはいえ、その実際のオペレーションは、かなり荒っぽかった。つまり、基本的にボディー、シャーシ、エンジン、トランスミッションなどはまったく同じでも、フロントグリル、ホイールキャップなど目立つ飾り物を変え、さらに、ツートンカラーにしたり、ハードトップにしたり、毎年モデルチェンジをしたりして、顧客に〝見かけ上は〟違ったクルマと認識させれば、マーケティング上はそれで大当たりしたのだ。

そうした新しい商売哲学にもとづき、GMは5大事業部制を立ち上げ、一番廉価でベーシックなシボレーから最高級のキャデラックまで、見かけ上は、差別化された多様な品揃えを展開した。そして、この戦法は当たった。遅まきながら、1920年代後半に、時代の変化に気づいたフォードも、T型フォードからA型フォードへの生産ラインの切り替えに1年を要し、その間にGMに抜かれたまま、現代に至っている。

また、よく知られるように、航空機においても大量生産の圧倒的勝利があった。ここでは、零戦とP－51Dを例に、その生産効率の変化と生産方式の違いを手短に検討しておこう。

第二次世界大戦の日米主力戦闘機の「機体価格と生産工数」[6]の変化を比べると、日本の零式艦上戦闘機は1942年から1944年にかけて生産工数が31%下がる一方で、機体価格は5万5000円から8万円にまで45%も上昇している。他方、アメリカのP－51Dマスタング戦闘機は1943年から1945年にかけて生産工数は46%下がり、機体価格も2万1000ドルから1万4000ドルに33%低下している。[7] つまり、後者だけに、大量生産の効果が確認されるのだ。[8]

P－51Dは、すでに欧州戦線で活躍していたP－51Bの発展型であり、アメリカ式の自動車の大量生産方式の応用と、5分割ブロック工法により、生産工程と機体価格の両方を同時に、激減させることに成功している。逆に零戦では、1万機を超えるという、日本航空機史上、最大の生産機数を誇っていたにもかかわらず、つくればつくるほど、機体価格が一方的に上昇していたのだ。つまり、当時の日本では、大量生産方式がまったく根づいていなかったことが分かる。

だが、戦後の混乱期から高度成長期を経て、日本が世界的な経済発展を遂げた1980年代以降になると、様相は一変する。トヨタ自動車によるリーン生産方式が、製造業における日本発の世界標準となったのだ。ちょうど四半世紀前、1914年にフォードが大量生産によって完成車ができるまでの時間を88％短縮したように、トヨタでは、独自に開発した「手直しなしの、1回切りの生産で、100％良品をつくる」手法によって、最終組立の所要時間を大幅に短縮していた。

1989年時点で小型車カローラを生産していたトヨタの高岡工場における自動車1台の製造時間は、世界最短の13・2時間であり、これは、当時同サイズの小型車生産工場データに含まれる新興工業国群（NICs：メキシコ、ブラジル、台湾、韓国）のなかで最長だった78・7時間と比較すると、83％の優位を保っていた。

だが今日、より冷徹な眼で20世紀末の状況を振り返ってみると、歴史の趨勢は、すでに次のことを宣告していたかのように見える。つまり、先世紀の画期的な生産手段のイノベーションが生み出した大量の工業製品は、もはやその「物理的限界」に達していたのだ。生産量はある意味で飽和点に達し、また自動車という製品の物理的プレゼンスによって、交通渋滞や環境破壊は必定であり、そうした状況を食い止め、回避する方法にも限界があった。

エンター！　ChatGPT

さて、先述のＧＡＦＡＭをはじめとする米ＩＴ企業の巨額の研究開発費は、いったい何に投入されていたのか？　その明確な詳細については各社とも明かしていないため、想像の域は出ないかもしれない。だが、大まかに見渡せば、その大胆な傾向は自明だった。つまり、各社とも競争力のキモは生成ＡＩ（artificial intelligence：人工知能）にあると信じ、もしくは、そう決断して、営々とこの研究開発に巨額の戦略的投資を行っていたのだ。

そして、それまで水面下にあった多くの複雑に絡み合った一連の研究活動は堰を切ったようにあふれ出し、あたかも地球全体を覆う途方もないスケールの台風となって、あたりを席巻し始めたのだった。

その先駆けとなったのは、２０２２年11月、米OpenAIが開発した対話型の生成ＡＩ、〝ChatGPT〟の公開だった。これ以降、明らかに世界は一変した。しかも、〝閾値《いきち》を超えて〟怒涛のようにすっかり変わってしまったのだ。

なぜなら、つい先ほどまで、世界中のユーザーは一様に、例えば文章を書く際、１つの単語の意味を調べるのに、Googleのような検索ソフトに逐一単語を打ち込んでその答えを検索し、いくつかの解答のチョイスやオルタナティブ（代替）のなかから最も良さそうなものを自分の頭で適宜判断し選択して、ようやく当面の用を足すといった、〝中世的な〟世界にどっぷり浸かっていたからだ。つまり、作業としてこれは、ハードコピーの辞書や百科事典を調べるのと基本的に大差はなく、ある意味、アクビの出るほど退屈で牧歌的な作業でしかなかった。

だがChatGPTは違っていた。単語どころか、〝プロンプト〟[9]と呼ばれるＡＩ相手の対話形式で、ユーザーが入力する質問・指示・要求等に応じて、まるで生きた人間相手のような感覚で、改善指向の〝共同作業〟ができるようになったのだ。

例えば、最初に「下記の英語の文章を日本語に翻訳せよ」との指示を出し、次に「その日本語訳から、タイトルを20字以内で作成せよ」、さらに「その同じ日本語訳から、要旨を３００字以内で作成せよ」といった具合に、実際の使用状況や具体的なフィードバックにもとづく反復作業を繰り返すことによって、相互学習と改善も進み、より的確な操作や結果が得られるというのだ。

たとえてみれば、この種の技術進化によって、人は、自らの手や家畜を使って種まきをしていた中世の時代から、ひとっ飛びに、広大な農地の上空からヒコーキで種をまき、農薬を散布する20世紀の北米大陸に移住したときのような愉悦が得られるのに似ている。その作業効率も仕事の範囲の拡大も、以前とはまったく比較にならない。

まさにそうした量子的飛躍をやすやすと成し遂げた生成ＡＩのデビューは、圧巻だった。それ以前には、アクティブユーザーが1億人に達するまでに、Instagram は2年半、TikTok でも9カ月かかっていた。対照的に、ChatGPT はたったの2カ月で、同じ1億人のアクティブユーザー数を達成した。史上最速である。

その結果、同社の評価額は２９０億ドルに達し、たった1年前、２０２１年の１４０億ドルから倍以上に増加した。

さらに、ChatGPT のリリースから3カ月半後の２０２３年3月には、有料版のＧＰＴ－４が公開され、ＩＴ業界における OpenAI という企業のスタンスは盤石となった。このＧＰＴ－４では、画像や文章、音声などの媒体を問わず、その内容を理解して、文章としてアウトプットすることも可能となった。例えば、ある画像を入力すると、それがいかなる意味を持っているか、文章として出力することができるのだ。

同社の初期に設立者の１人として関与したイーロン・マスクは、「ChatGPT は恐ろしいほどいい、危険なほどのＡＩも遠くない」と高く評価している。その意味でも、ChatGPTのＧＰＴ－４は、本格的な汎用人工知能（artificial general intelligence：ＡＧＩ［人間が実現し得るあらゆる知的作業の理解・学習・実行が可能な人工知能］）の先駆けと目されている。

そうした一連の出来事が起こり続けたその半年余りの間に、世界中を激震が駆け抜けた。同時代を生きた地球人なら、誰もが異口同音に、その体験を個人的に語ることができるだろう。ほんの半年余りのごく短い期間に、生成ＡＩに関する報道は、あらゆる機会に、新聞・テレビ・インターネットを問わず、世界中のあらゆる情報伝達媒体を駆け巡り、それに関して何も耳にせずに１日を終えることは不可能だった。

もはや誰ひとりとして後戻りはできない。何かが決定的に変わってしまったのだ。永遠に、そして不可逆的に。人々はそのように感じざるを得なかった。

＊

２０２３年の長い酷暑がまだ続く頃、日本のＮＨＫやイギリスＢＢＣのテレビで、多国籍の有識者や専門家をオンラインで交えて、生成ＡＩに関する討論番組が立て続けに放映された。そうしたなかでも、同じく生成ＡＩを取り上げた、ファリード・ザカリアがアンカーを務めるアメリカＣＮＮのインタビュー番組「ファリード・ザカリアＧＰＳ」[10]は、その内容の濃さと北米の大物当事者が語るメッセージの喫緊性において、出色の出来を示していた。

出演者はいずれも世界的な著名人だった。まず、２００１年からグーグルのＣＥＯを務め、２０１７年に親会社アルファベットの会長を辞してなお、米ＩＴ業界に君臨するエリック・シュミット。

さらに、生成ＡＩの脅威を新作に織り込みつつある映画監督のジェームズ・キャメロン。彼の作品では、興行収入が歴代1位の『アバター』（２００９年）と同2位の『タイタニック』（１９９７年）が有名で、後者は、自身の監督賞を含むアカデミー賞11部門を独占的に受賞したことで知られる。

また、チューリング賞の受賞者で〝ＡＩのゴッドファーザー〟として著名なジェフリー・ヒントンも、オンラインで登場した。イギリス出身の彼は、カナダのトロント大学で教鞭を執り、約10年間グーグルで研究に携わった後、「ＡＩの危険性について話すために退職」した話題の人物である。

ザカリアによる個別のインタビューに応える彼らのメッセージは共通しており、明快だった。今や人類は、後戻りのできない重大な岐路に立たされている。すでに拡散しつつあるAIの誤用や濫用は、人類を取り返しのつかない窮地に追いやるだろう。例えば、合成生物学と結びつくと、AIは新しい生物兵器の開発にいともたやすく悪用される危険性がある。

すでに、アメリカのペンタゴン（国防総省）が攻撃され、そのすぐそばで爆発の煙が上がる偽《にせ》の合成写真がネットにアップされ、それを受けて現実に、短時間のうちにニューヨーク証券取引所の株価が急落した。このように、偽情報の拡散がもたらす弊害は防ぎようがなく、著しく大きなものに、また場合によっては、取り返しのつかないことにもなるだろう。

要するに、そうした悪意あるAIの濫用は、人々に模倣されて急拡散する結果、好ましくない大規模な悪影響の可能性から逃れ難いのだ。

さらに、もう1つの不可抗力的な難問は、仮に悪意のある人間が介在しない場合でも、例えばChatGPTなどで、まだよく分かっていない突発的な挙動によって、安全上の問題を引き起こす可能性から免れ得ないことだ。

2023年5月に、米議会上院の司法委員会（プライバシー・テクノロジー・法律小委員会）の公聴会で証言したOpenAIのサム・アルトマンＣＥＯは、そうした未知の諸問題に対して、先取的かつユニバーサルに対処するためには、個別の私企業に任せるのではなく、「政府が責任を持ってＡＩ技術を規制する役割を果たすことが賢明だ」と述べ、政府によるＡＩの規制・監督の重要性を強調した。

このような核心を突いた提言が今後いかなるプロセスを経て、どの部分が立法化され、他のどの部分はインフォーマルな対策に留められるのか、といった問題も含めて、その進展は今後の地球人が歩む行路に直接大いに関わってくると考えられる。目の離せない緊張状態は当分の間、収まりそうにもない。

次章では、そうした側面と諸要素における問題意識を掘り下げて、構造的な議論をより深化させる。

第4章

〝幸せな〟「原材料階級」、現る

原材料化する人間ユーザー

本章では、21世紀型のステルス性「監視」ネットビジネスの、一見、超効率的な仕組みの背後に潜む、ある意味、緊張感を孕んだ新たな支配と従属の構造分析を行う。物理的制約から解放され、自動化された手法による、その巧妙な「支配のカラクリ」には要注意である。すでに人類の3人に2人がインターネットにつながっている以上、そこから誰も逃れられない。

われわれが、日常的に調べ、発信する情報は、「いいね！」のような単純なクリックも含めて、GAFAM等に独占的に集計され加工されて、それぞれのビジネスに活かされている。業者の収入源で一番多いのは広告だが、それ以外にも、無数の巧妙な手段によって、ユーザーの知らないうちに、個人情報が収集され活用されているのだ。

アメリカのＩＴ企業の莫大な利益を生み出しているのは、「ステルス性の利益抽出ビジネス」である。これはユーザーの生活のあらゆるところに浸透し、従来のプライバシー概念を徹底的に破壊しつつある。例えば、近年急速に普及した小型円形の自動掃除機は、家の広さや構造や使用頻度だけでなく、内蔵カメラで撮影した室内画像や録音データを自動集計して、メーカーに自動送信しているケースがあり、そうした場合、これを防ぐ手立てはない。そして、メーカー側には、ＳＮＳ業者などと結託して、そうした〝オイシイ情報の宝庫〟をビジネス活用しようとする強いインセンティブが働く。

問題はそこにとどまらない。そのように密やかに大量収集されたデータのなかには、実際に便座に座る女性の顔出し映像なども含まれ、画像処理したベネズエラの２次下請を通じてＳＮＳに流出し、世界中に拡散してしまった事件もある。

つまり、従来のように、特定の若い女性のアパートに小型装置を物理的に仕掛けて盗撮・盗聴するといった〝旧式の犯罪行為〟と入れ替わるように、今や自動掃除機を購入したあらゆる顧客の住居で、日常的に〝犯罪と認知されない〟事実上のスパイ行為がいとも簡単に実施されている可能性の方が圧倒的に高いのだ。ある者にとっては、まさに濡れ手で粟であろう。[1] 他にも検索アプリなどで多用される、このようなビジネスのカラクリには注意が必要である。

ショシャナ・ズボフは、そうした現象を「監視資本主義」と総称し、仕組み上そこには、「ビッグ・アザー」(Big Other)による一方的支配の〝陥穽〟があると指摘する。[2] 2語ともに冒頭が大文字で綴られる「ビッグ・アザー」という造語は、なかなか巧妙である。恐らく、ジョージ・オーウェルの小説『1984』の「ビッグ・ブラザー」(Big Brother)からの連想で名付けられたものだろう。この「ビッグ・アザー」による21世紀型の巧妙なメカニズムによって、われわれの知らない間に、原材料としての個人情報が勝手に収集・利用されて、莫大な利益に貢献している。

その結果、極度に少数の利益抽出者によって操られる、膨大な数の「原材料階級」(raw-material class)が機械的に創出されているのだ。これは、「監視」ネットビジネスの欠くべからざる構成要素の1つである。

インターネット時代の今日、かつてのように紙のアンケートの配布や集計といった面倒な作業は一切不要となった。それどころか、もはや物理的なコンタクトさえ必要なく、キーボードを操るたった1人の指先の動きだけで、少なくとも理論的には、数十億人のネットユーザーを自在にコントロールすることも、不可能ではなくなった。要するに「人間ユーザーの資源化」は、そうした〝脱身体接触〟のメカニズムによって、いとも簡便に実施可能となったのである。

さらに由々しき問題は、この種の同意なき〝脱身体接触による資源化〟は、次節で論じるように、ユーザー側にとって「人間性の改変」ともいうべきリアルな効果に直結しており、これは新たな〝脅威〟となっている。というのも、そうした変化は、特に西欧で二十数世紀にわたる思想闘争の末に、ようやく獲得され、世界に普及してきた現代人の諸権利と自由が、一方的に踏みにじられ、無にされつつある現実を、端的に示すものだからである。

重要なメッセージは、次の3点である。

(1) 21世紀の現在、われわれ人類は「監視」ネットビジネスの脅威にさらされており、人間ユーザーの〝原材料化〟が急速に進んでいる。

(2) その結果、極度に少数の利益抽出者によって操られる、膨大な数の「原材料階級」

が創出されている。

(3) 21世紀型に進化した巧妙な自動化集計プロセスによって、「原材料」としてのネットユーザーの個人情報は、本人の知らぬ間に「ビッグ・アザー」によって勝手に利用され、その莫大な利益に貢献している。[3]

人間性の改変よりもキナ臭い効果

さて、そうした密やかにもアグレッシブに執行される現下のネットビジネスの展開に対して、政府、立法府、法体系はいかなる対策を講じてきたのか？　残念ながら、実効性のある対策が講じられたことを示す証拠はあまりにも乏しい。その結果、現状では、法整備の及ばない無法地帯で、やりたい放題に、前人未踏のビジネス展開をすることが可能となっている。そこは、まさに未曽有のフロンティアなのだ。

特にネット先進国のアメリカでは、そうした不均衡を改善しようと、新たな立法措置を含めて多様な試みが進展しているが、やはり周回遅れの感は否めない。他方、欧州議会でも、斬新な立法措置を含む多くの試みがなされているが、周回遅れの実情にはさほど違いがない。ましてや、日本を含む、その他の国や地域においておやだ。

そうした諸状況のなか、ネットビジネスの際限のない自己増殖は、「未曽有の倫理問題」を伴うようになってきた。

一例を挙げれば、「約款にクリックするまで14秒」問題だ。次々と現れては改訂されるネット上のソフトウェアに付随する、あの誰も読めないほど細かい字で、執拗に分かりにくい文面の約款（使用規約）が、人々の行動パターンを一変させたのだ。日常生活の他の局面だと権利意識が高く、口うるさいアメリカ人ユーザーたちも、この点ではすっかり大人しく〝素直に〟されてしまったように見える。さもないと、きちんと理解するのに少なくとも45分はかかるこの種の約款に邪魔されて、仕事にならないからだ。[4]

表面的には、そうしたユーザー側の行動変容は、時間節約の意味で、合理的に映るかもしれない。だが、そのメカニズムを仔細に観察し分析すると、別の見方もできる。これは巧妙に仕組まれた罠なのだと。つまり、これは最初から、ユーザーの誰ひとりとして時間を費やす余裕を与えないように設計された、厄介な「約款」を頻繁な改訂を伴って提供することで、否応なく、膨大な数の個々のユーザーにそれを「読まずに同意させ」、「服従を強要する」ための方便なのだと。

そうした分析の如何にかかわらず、1つの確固たる事実がある。つまり、極めて短期間に、少なくとも、ネットサービスに対するアメリカ人の反応の仕方が、あたかも全米で同時多発的に土砂崩れでも起こしたかのように、一気に変わってしまったということだ。その効果は絶大だった。そして、決して誇張ではなく、何か不気味なものが、その背後には潜んでいるようにも思われる。つまり、そうした現象は、誰も逃れられない強制力とともに、「人間性の改変」にも匹敵する危うさを含んでいるのではないかと。[5]

その結果、人類は、極端に少数の超エリート支配者と、他の圧倒的な大多数を占める原材料階級に2極化する。いや、すでに極端な形で2極化しており、その傾向はますます強まっている。そして、アメリカで起こっていることは、間髪入れずに、世界中に波及するのだ。

この原材料階級というコンセプトは、文脈は異なるが、一見するとユヴァル・ノア・ハラリが提唱する「無用者階級」（useless class）[6]に通じるところがあるように思われるかもしれない。曰く、彼らは、金もなく、学歴はあってもろくな職に就けないうえに、芸術的・学術的な貢献もできず、また経済的にも役立たずといった意味で「無用者階級」なのだと。

だが、そこには、より本質的な「監視」ネットビジネスの視点がゴソッと根元から抜け落ちている。真実は、無用どころか、逆に「原材料」として、これ抜きには、先述した「濡れ手で粟」で「大儲けできる」オイシイ仕組み自体が、まったく存立し得ないほど「有用」なのだ。

富の極端な2極化――大半が原材料階級に

富の偏在についても押さえておこう。ここでは、富める者と貧しい者の2極化の推移データをもとに検討する。アメリカの上位1％超富裕層と下位50％の実質所得の推移を見ると、1960年代半ば頃までは、大方100対75ほどでそれほど違いがなく、1970年代にはさらなる均質化傾向が見られた。

だがその後、時代を経るにつれて2極化現象が現れ、特に1980年前後を境に両者の差は顕著となった。1980年代以降は上位1％の実質所得は大きく伸び、ニューヨーク（NY）ダウ平均株価も右肩上がりとなった。この間、労働生産性も上がり続けている。

その一方で、下位50％の実質所得は1970年代以降、ほとんど変わっていない。NYダウ上昇や労働生産性向上の利得を得ているのは、疑いなくアメリカの上位1％の人々である。1980年頃までは大きく乖離していなかったこれら2つの所得グループの差は、今ますます広がるばかりで一向に収まる気配がない。[7]

世界トップ10の大富豪[8]の総資産は、コロナ禍前半期（2020年3月〜21年11月）の1年8カ月で倍以上になっている（7000億ドル→1兆5000億ドル、約80兆円→約172兆円）[9]。世界上位1％の超富裕層の総資産は、世界全体の個人資産の37・8％を占める[10]。一方で、下位50％は全体のわずか2％にすぎない。そしてアメリカについて見ると、2021年には、上位1％の超富裕層の総資産（36兆2000億ドル）が、歴史上初めて中間層60％の総資産（35兆7000億ドル）を上回った[11]。

そうした富の偏在と支配構造からは誰も逃れられず、ごく少数の超エリート支配者と膨大な「原材料階級」に2極化する動きは、遠い将来ならともかく、少なくともわれわれの生きているうちには、そう簡単には覆らないだろう。

民主主義は勝利したはず……なのに危うい

こうした一連の動きは、大きな歴史的文脈に照らせば、古代ギリシャから営々と築き上げられてきた民主主義の興隆・成長とその自己解体を示唆するのではないか？　歴史をさかのぼると、19世紀のフランス貴族トクヴィルは、独立後間もないアメリカ合衆国を訪れた後に、『アメリカのデモクラシー』[12]を執筆し、来たるべきアメリカの覇権を予言した。

ここでは、彼が貴族主義と民主主義の軍隊を対比させた一節を参照しておこう。[13]

「……軍紀は社会的隷属の一つの完成に過ぎない。貴族的軍隊においては、兵士はいとも簡単に上官の命令以外のなにものにも反応しないような存在になってしまう。彼は考えることなく行動し、勝利にも熱狂せず、黙々と死んでいく。このような状態において、これはもはや人間ではないが、戦争用に調教された一個の恐るべき動物ではある」

「民主的人民にあっては、……［軍紀］が作り出す服従は厳格ではないが、より力強く、より賢明である。その根拠は服従するものの意志自体にあり、その本能だけでなく、理性に支えられる服従である。……民主的軍隊の規律は、逆に、敵の面前でさらに固くなる。このとき、兵士一人一人が勝つためには黙って従わねばならぬことを極めて明瞭に見るからである」

19世紀まで、欧州では、貴族が職業士官として軍事に従事し、多くの農奴を含む兵士を率いていた。しかし、民主主義国の興隆とともに、旧来の貴族主義国との比較から、両者の軍隊の性格の違いも次第に明らかとなった。

20世紀以降の歴史的発展に沿って解釈し直すと、この対比はファシズムvs.民主主義の軍隊の違いと読み替えてもさしたる支障はない。端的に言えば、ナチス・ドイツのようなファシズム国家は、最初から侵略戦争のために準備を整えているため、戦争序盤は強いのが通例だ。

ところが、戦況が膠着状態に陥り、指揮系統が分断されて、兵員1人ひとりが自分の判断で行動しなければならなくなると、逆に、民主主義国の軍人は真の力量を発揮し始める。なぜなら、自分の生まれ育った民主主義に全幅の信念を置いているため、その本質的な強さが個々の兵士にも顕《あらわ》れてくるからだ。対照的に、ファシズム国家の軍人は、それまでの強制的な組織の支え棒を外され、自らの決断と意志で行動しなければならなくなると、たちまちその脆弱さを露呈し、魑魅魍魎《ちみもうりょう》となって、ただ闇雲に逃げ回るだけといった行動パターンに陥りがちだ。

第二次世界大戦における日米の未帰還兵を比較すると、そうした差違がより明瞭となるだろう。例えば1970年代になって、各々グアムとフィリピンで潜んでいるところを発見されて帰国した元日本兵の横井庄一さん、小野田寛郎《ひろお》さんのケースだ。

2人とも戦争終結を知らされないまま、敗残兵として現地で生き残り、数十年間も東南アジアのジャングルを転々としながら、洞穴を掘って、生き延びていた。小野田さんの方は、陸軍中野学校二俣分校卒のエリート情報将校だった。それでも、戦後29年を経て、若い同国人によって発見され、帰国を促されてもなお、戦争当時の上官から現地で直接命令を受け、兵役を解除されるまでは、頑として自らを解放することはなかった。

なぜなら、帝国軍人として軍隊の指揮命令系統に従うことが絶対要件であり、いかに状況が変わろうとも、その遵守が至上命令だったからだ。これは象徴的である。

他方、若干のアメリカ兵も戦後、同じく戦争終結を知らぬまま、東南アジアのジャングルに潜伏して、しばらく洞穴生活を続けていたが、そのうちの1人の兵士は頭の働きがにぶらないように、どこかで拾ってきた英語の数学教科書を、毎日読んで勉強していたという。

なぜなら、彼は揺るぎのない信念を持っていたからだ。自分は民主主義国のアメリカで生まれ育った軍人だから、たとえ1人になっても、絶対に諦めない。日本のファシズムなどには、絶対に負けない。私が戦っているのは、人々をファシズムの軛《くびき》から解放するためだ。だからこそ、最後まで頑張るのだと、自分を鼓舞し続け、後に発見され、解放されても、その信念は一貫して揺らぐことはなかった。

対照的に、グアムで発見され1972年に帰国した横井庄一・元陸軍軍曹が、飛行機のタラップを降りて発した第一声は、「恥ずかしながら、帰って参りました」だった。なぜ、恥ずかしかったのか？　それは、帝国軍人としての務めをまっとうできずに、戻ってきたからだ。

こうした対比を、さらに際立たせる象徴的な例もある。

現地の戦闘に巻き込まれて親を失った日本人孤児らのために、テニアン島の収容施設内ににわかづくりの小学校を建て、必ずや民主化するであろう戦後の日本で活躍してもらおうと、英語で初歩的な民主教育を始めたのが、アメリカの海軍士官で戦後聖職者となった、テルファー・ムックである。

これは軍の方針というよりも、彼の自発的な活動だった。次第に現地の日米両国民、すなわち、捕虜収容所に収監された日本人と、アメリカ軍人の両者から支持を得て、B–29爆撃機が日本本土の空襲に飛び立つ滑走路の脇で、終戦まで、この民主的な教育活動は続けられた。そして実際、この仮設学校で教育を受け、戦後帰国した日本人生徒のなかから、教師として日本の民主化教育に身を捧げた者も出現した[14]。

対照的に、ナチス・ドイツの強制収容所や、東南アジア周辺のかつての日本の占領地で捕らえられ収監された旧敵国人、さらには、戦後旧ソ連の収容所で強制労働に従事させられ、解放される以前に、飢えと凍傷のため亡くなっていった多くの日本人捕虜たちの悲惨な運命を顧みるとき、民主主義 vs.ファシズム各陣営の圧倒的な違いに愕然とせざるを得ない。

仮に選択権が与えられるとしたら、あなたはどちらの社会に生まれ育ち、あるいは、帰属したいだろうか？　あくまでも、当時の話としてだが……。

マインド・フ＊ック

さて、本書のはしがきでも触れたように、20世紀の終わりに、フクヤマの『歴史の終わり』やハンチントンの『文明の衝突』は、次のように予言した。すなわち、過去二十数世紀にも及んだ自由と民主主義を求める西欧の思想的な戦いも、メジャーパワー間の大戦争の時代も、ソ連の崩壊によって終焉し、今後はそれらに代わって、民主国家vs.非民主民族のテロ抗争の時代に移行していくだろうと。

確かに、2001年にアメリカ同時多発テロ事件が発生するまでは、そうした予言が的中しているようにも思われた比較的短い期間があった。その間、アメリカを中心とする多くの西欧の知識人の間でも、政治経済的な繁栄と、民主国家や国民のベクトルの一致に、揺るがぬ信念が広く見受けられたことも事実だ。

だが、本書が注視するように、21世紀の4分の1が過ぎた今日、私たちが日々経験する変化のなかでも特筆すべきは、「監視」ネットビジネスの急拡大と、それがもたらす多くの負の側面である。しかも、そうした事象は圧倒的に米英発で起こっているのだ。

なかでも象徴的な事件は、イギリスのEU離脱（ブレグジット：Brexit）を決した2016年6月の国民投票と、同年11月にドナルド・トランプが勝利した米大統領選の結果である。両方ともに、世界を驚嘆させた。そして、国民投票に賭けて敗れたキャメロン英首相は、直後に首相を辞したばかりか、数カ月後には政界からも去った。[15]

この2つの〝予期せぬ出来事〟を陰で支え重要な役割を果たしたとされるのが、選挙コンサルティング会社として事前の恣意的な世論誘導に力量を発揮した、ケンブリッジ・アナリティカだった。

同社のアレクサンダー・ニックスCEOは、トランプに雇われたデジタル戦略担当者として、2016年米大統領選の1カ月前には、ニューヨーク市内のホテルで開かれたコンコルディア・サミットで、自社の分析結果を得意げに披露した。また、同社の役員会メンバーには、後に当選後のトランプ大統領のもとで最初の7カ月間、ホワイトハウス首席戦略官となったスティーブン・バノンも副社長として名を連ねており、トランプの有力パトロンの1人、ロバート・マーサーも資金提供していた。

ケンブリッジ・アナリティカは、Facebookの「ターゲティング広告」技術を応用して「説得可能者」を抽出し、彼らの投票行動を変容させるよう働きかけた。その結果、浮動票の動員に成功し、イギリスのEU離脱やトランプ当選の多数派形成を巧みに誘導したとされる。そこでは行動科学やデータ分析、アドテクノロジー（広告技術）の巧妙な応用と、ケンブリッジ大学の心理学研究者アレクサンドル・コーガン博士が収集した5000万人超のデータなどをもとに、精度の高い「マイクロターゲティング」が実践され、功を奏した。つまり、デジタルのフットプリントで人格を分析し、マイクロターゲティングで人を誘導して望み通りの結果に導くための、画期的な「選挙マーケティング手法」の誕生である。

その結果、「ピンポイントのマインド操作」が可能となり、対立候補に絶対投票したくなくなる情報のかけらを1つ吹き込むだけで、面白いように票が動くようになったのだ。これは「選挙」という定期イベントを契機にグルグルと回転し始める「フィンガーチップ・ワールドへようこそ！」の目覚ましい政治版である。たとえてみればこれは、期限の決まった移動式遊園地で、特定業者の思うがままに、最も儲かる特定の演し物に観客を誘導するようなものだ。

その「原材料」となるのは、個々のネットユーザーの性別・住所・年齢などの個人情報と、Facebookで何に「いいね！」をクリックして、何をシェアしたのかといった、ごくありふれた情報だけである。ところが、それらの関連づけの作業を進めると、通常の人間づきあいではなかなか見えてこない個人の行動パターンが、面白いように浮かび上がり、その人の性格特性が正確に予測できるようになったのである。[16]

そうした研究テーマでケンブリッジ大学の博士号を取得して、スタンフォード大学に移ったマイケル・コジンスキー准教授は、さらに研究を進め、２０１２年には、68件の「いいね！」を見ただけで、肌の色（95％）、性的指向（88％）、支持政党（85％）について各カッコ内の確率で人のプロファイリングが可能となり、さらに、知能や宗派、酒・煙草・ドラッグの使用、親の離婚歴まで判別するばかりか、「いいね！」の数70件を鑑定すれば友人、１５０件で両親、３００件ならば伴侶よりも、その本人のことがよく分かるようになったというのだ！

こうしたコジンスキーの「サイコメトリックス分析」によって、「行動から性格の逆引き」が可能となった結果、本人自身よりも本人のことが正確無比に分かるようになり、その〝心の操作〟も容易となった。だが、その半面、現実問題として、人間の幸せ、自由、人生さえも一方的に蹂躙《じゅうりん》してしまう恐れも出てきている。

さらに、こうした「ネット操作技術」の進展は、脅威的なスピードで人々の間に〝分断〟を創り出し、傷口に塩を塗るかのように、一層悪化させ、ある意味、取り返しのつかない窮地にまで彼らを追い込んでしまっている可能性さえ出てきた。なぜなら、皮肉なことに、そこに介在するテクノロジーは、人々が2つの勢力に分断され、拮抗しているときにこそ、最大の威力を発揮するからである。

ケンブリッジ・アナリティカの元データサイエンティストで内部告発者となったクリストファー・ワイリーは、2018年3月に『ガーディアン』と『オブザーバー』、ならびにイギリス議会において、いかに同社が「何でもあり」で「世界の腐敗した勢力の1つ」であったかを暴露した。さらに同年5月にはアメリカ連邦議会で、同社がFacebookユーザー8700万人の個人データを許可なく非合法に所有し、各位の心理的属性情報にもとづくプロファイリング手法である「マイクロターゲティング」を用いて、人々を政治的イデオロギーによって分類し、いかに巧妙に世論を操作したかについて詳細に証言した。また、先述のコーガン博士とのコラボレーションがあったことも明かされたが、同博士はフェイスブックとケンブリッジ・アナリティカ両社との守秘義務契約を理由に証言を拒んだ。こうした一連の迅速な動きの結果、2018年5月になると、わずか5年の移動期間を経て、早くもケンブリッジ・アナリティカはすべての業務を停止することになった。

翌2019年には、一連の進展をその当事者だったワイリーがまとめた暴露本、*Mindf*ck*（直訳すると『マインド・フ＊ック――ケンブリッジ・アナリティカとアメリカ分断の陰謀』。ちなみに、邦訳タイトルは『マインドハッキング』と巧みに訳出[17]）が出版され、衝撃を与えた。

神はとっくに死んでいる……それで何か？

2020年代に入ると、こうした一連の事態が生み出した社会環境は、ネットユーザー人口と「マインドハック」（心理的乗っ取り）の激増、さらに、すべては「他人事」で自分が気に入らないのなら「消去」でオシマイ！といった安直なネットバブルの蔓延によって、ますます悪化の一途をたどっているように見える。

何十億人もの独り言が聞こえる（ような気がする）のだ。曰く、世界との接触の大半が、フィンガーチップで処理され、自分と相容れない心情も考え方も、およそこの世に最初から存在しなかったかのように振る舞っていられるし……。そのまんまでいることが、ドンピシャの正解！　その他の面倒臭い一切合財は、指先の操作1つで一瞬で除去しちゃうのが勝ち（よ、アンタ）！　これこそ、〝幸せな〟ネットユーザーみんなの生きる道なんよ。そんな「アタシだけの遊園地ワールド」へようこそ！と……。

こうして刻一刻、万事が急激に変化しつつある今日、つい昨日までの〝常識〟が、まるで最初からどこにも存在していなかったかのような錯覚に囚われて、呆然とすることも珍しくない。

恐らく、そのように激変する項目の大半は、生きてゆくうえでは単なる時間の関数として、忘れ去ってもさして支障はないのだろう。しかし、いくつかのアイテムだけは、そうした忘却へのなし崩しを決定的に阻む、シリアスな要素が過《あやま》たずにちりばめられているのだ。

なかでも、近年、憂慮すべき社会問題の1つとして浮上しているのは、この10年ほどの間に激化した新ネット世代における「分断と凶暴化」である。しかも、この現象は、かつてフランス貴族のトクヴィルがあれほど全幅の信頼を置いていた、あの同じアメリカ国民の末裔とは思えないほど、いや、より正確に言えば、現時点で50歳前後の年齢層を境とするアメリカ人同士の間で、危険なほどの世界観の違いが際立っているのだ。

例えば、2022年8月の南部貧困法律センターによる最新調査で、「政治的問題の解

表4-1　ネット社会の分断——アメリカ新ネット世代の「凶暴化」

Q. 政治的問題の解決に暴力を使ってもよい（%）

支持政党	50歳以下（男）	50歳より上（男）
民主党	42	9
共和党	45	9

Q. 国や民主主義を脅かす政治家の暗殺に賛成（%）

支持政党	50歳以下（男）	50歳より上（男）
民主党	44	6
共和党	34	6

出所：南部貧困法律センター（Southern Poverty Law Center、略 SPLC）、2022年８月

決に暴力を使ってもよいか」と問われて「よい」と回答した50歳以下のアメリカ人男性は、民主党支持者42%、共和党支持者45%で、ともに驚くべき高率を示した。この結果を、同じ質問に対する回答が、50歳より上の世代のアメリカ人男性では両党の支持者ともに９%にとどまっていたという事実と比べると、埋めることのできない世代間の分断が一層際立つ。

また、同じ調査で「国や民主主義を脅かす政治家の暗殺に賛成」と回答した50歳以下のアメリカ人男性は、民主党支持者44%、共和党支持者34%と、ここでもやはり驚異的な高さを示している。これに対して、50歳より上の世代のアメリカ人男性の回答は、両党の支持者ともに６%という比較的低い数値だった（表４－１）。

さらに、同じ２０２２年8月のＮＢＣニュースの調査では、「アメリカが直面する最も重要な問題は？」との質問に対して、最も多かった回答は「民主主義への脅威」（21%）であ

り、2位の「生活コスト」（16％）や3位の「雇用と経済」（14％）よりも、多くの回答が寄せられた。

インターネットの普及が急速に進んだ1990年代には、それまで政府や大手マスコミ機関などに独占されていた各種の情報が一気に人々の手元に開放され、重要事項の決定プロセスなどにも人々の関与する機会が増して、民主化の動きが一挙に加速するだろうとする予測が注目を集めた。

だが、30年後の今日、そうした牧歌的な考え方をいまだに信奉し支持する者は、ほぼ消え去っていると見てよいだろう。逆に、インターネットは、ある意味で「独善的」な行動パターンを、誇張した形で常態化させることに決定的に貢献した。そして、自分の好きなときに、自分の好きなサイトだけを繰り返し閲覧し、それに賛同する仲間だけと交流し、関心のある動画だけを何度も観る一方で、それ以外の世界を一切忌避し、その存在すら否定するといった〝自慰的な行動様式〟を、急速に一般化させたのである。

子どもの頃からそうした特異な行動パターンが刷り込まれ、それしか知らずに育った世代が社会の大半を占めるようになると、社会生活のあらゆる側面で、それ以前には忌み嫌われ、隅に追いやられていた「児戯的」な行動様式が、むしろ主流となってくる。そして、自分とは違った好みや考えを持ち、異なる政党を支持する者は「邪魔だから、消せ」といった考え方にさえ、正当性が与えられるようになる。そのうえさらに、実際に同じ考えを持ち、同じことに対する賛同者らとともに行動し、平然と犯罪行為に及ぶ者さえ出るようになるのだ。そうした事象はまた、リアル世界とバーチャル世界の「違いを認識する能力」の著しい劣化を示唆する。

先に見た、「暴力や暗殺」への肯定の度合いが、同じアメリカ人でも、世代間で極端な違いを示している事実は、このような認知メカニズムのギャップを、違った角度から表現しているにすぎない。要するに、両者間では、世界認識のあり方が、根源的に異なっているのだ。こうした社会事象は、先に論じたのとは別の、とはいえ、同一主題の変奏曲といった意味合いで、「人間性の改変」と同等の効果にも通じる問題の根深さを指し示しているとも言えよう。

＊

以上、分断に関する際立ったデータと象徴的な事例を用いて論じたように、近年の「監視」ネットビジネスの急拡大と自己増殖は、先世紀末には想像さえできなかったスピードで勢力圏を拡大し、人知の手に負えない乱気流を伴いつつ、膨大な新領域を開拓し続けているように見える。

なかでも、危惧すべき点を繰り返すと、ごく少数の「超エリート支配者」と膨大な「原材料階級」の極端な2極化が進み、社会の分断がより深刻化していることだ。そして、全世界を巻き込んで拡大する経済格差は、一向に収拾する気配さえ見せない。その一方で、近代の西欧社会で、少なくとも数世紀がかりで培われてきた「寛容の精神」が、このわずか十数年の間に無惨に衰退し、脆くも崩壊の兆候さえ見せ始めている。

超エリート支配者、「監視」ネットビジネスの帝王である彼ら企業家にとっての「金脈」は、地球上に偏在する「未利用の人類」であり、これはタダで無尽蔵に利用できる。そして、その利用のプロセスは、極端な「非対称性」を伴いつつも、おびただしく多様な結果を生み出しており、その地平においては、アイデア1つで未曽有の新ビジネスが開拓可能になっているという一側面も、決して否定はできない。

そうした状況下、次にもっと掘り下げて議論すべきは、現在、そして近未来に何が起こるのか、そして、それは誰のためであり、われわれ1人ひとりはどういった点に留意しつつ、生き延びていったらよいのかといった、より身近な問題意識であろう。

そのような探究に資するために、続く2つの章では、人間の原材料化が進む現代の社会経済事象の由来を、技術的な文脈を通して深掘りする。そうした作業を通して、今や出口なしの危険水域に達したばかりか、そこからの脱出方法さえ見失いつつある〝人間性の危機〟に逢着《ほうちゃく》するだろう。

＊

19世紀末、ドイツの哲学者ニーチェは次の宣告を下した。

「神は死んだ」

20世紀の二度の世界大戦と原爆投下による、おびただしい血と涙と苦難を経て、人類はこの宣言の意味するところを、一点の曇りもなく、実地に悟ることとなった。

21世紀の今日、その巧妙な仕組みによって、まだ多くの人の認識も知識も十分に追いつけないまま、人類の圧倒的多数の原材料化が日々、喫緊の課題となりつつある事実は打ち消し難い。ある意味それは、神の克服さえままならないうちに、もしかしたら、われわれの大部分はすでに新たなシステムのもとで飼いならされ、いわば家畜化しつつあるという由々しき真実を露呈しているのかもしれない。

第II部

人間の原材料化

Raw-Material Humans

第5章

原材料階級は革命の幻想から覚めるのか？

原材料階級としての意識がない

ここまでの章を読まれて、どのように受け止められただろう。「指摘されているネットビジネスの問題は理解した。しかし、正直、自分事としての危機感は、皮膚感覚として特にない」。なかには「負の側面ばかりを見ている」「被害者意識が強いのではないか？」と思った人もいるのではないだろうか。たとえわれわれが搾取される原材料階級だったとしても、実際に何をどうしたらよいのかもよく分からないというのが、実情だろう。

19世紀初頭のイギリスでは、産業革命に不満を持った人々が集団で工場を襲い機械を破壊するラッダイト（機械うちこわし）運動が起こった。だが21世紀の今日、古典的な意味でのラッダイトは実効性を失っており、ある意味、その反技術的な行動と思考様式は、無知蒙昧《もうまい》と同義とも解釈され得る。

そもそも、インターネットは物理的な損害があっても続行できるよう設計されたネットワークであるため、仮にどこに存在するか正確には把握しづらいサーバーネットワークの一部を物理的に破壊したとしても、たかが知れている。

その代わりに、圧倒的に効率のよい21世紀型のネット犯罪が急速に拡大しつつある。悪意あるハッカーたちが脆弱性のある企業や政府のネットワークに侵入し、データを人質に高額な〝身代金〟を要求することが横行しているのだ。こうした悪質な新種犯罪、すなわちデータを不正に暗号化し、復元と引き換えに身代金を要求する〝ランサムウェア〟が蔓延すれば、単なる迷惑行為といった次元をはるかに超えて、電力などインフラが停止するといった、社会全体に壊滅的な被害をもたらすこともあり得る。

こうした新たな進展は、地球規模で次のような心理的変化をもたらしていると考えられる。つまり、それほど広範に人々の生活がインターネットに依存しているため、仮にネットビジネスの浸食や悪影響があったとしても、すでに現在その圧倒的な便益を毎日享受しているメリットを捨ててまで、その廃絶を願ったり、完全に否定したりはしたくない感情をも持っているようだ。そうした正直な実感は、果たしてどこから来るのだろうか？　何か理由があるはずだ。

まず思い当たるのは、仮に数億人のネットユーザーの個人情報が一部業者によって原材料として一方的に商業利用されていたとしても、それと引き換えにテック企業が額面上タダで私たちにもたらす恩恵の大きさだ。

現実問題として、ネットのサービスは今や人類の大多数の生活や仕事に欠かせない存在になっている。一度、便利な生活に慣れると、無条件でそれ以前の不便な生活に戻ることは著しく困難だ。グーグルであれアマゾンであれ、今日の便利な生活を実現してくれた存在である。個人情報をいいように扱われようが、創業者らが濡れ手で粟の大儲けをしようが、ユーザー1人ひとりにとって大いなるメリットがある限り、「そのくらいしょうがないだろう」と肩をすくめて忘れてしまう。しかし、本当にそれだけが理由だろうか？

これまでも多くのテクノロジーは、問題点を指摘されつつも、概ね好意的に受け入れられてきた。なぜそうした見方が一般的なのか、その仕組みと問題点を、この章以降で振り返っておこう。というのも、その原因をさかのぼって俯瞰的に理解しなければ、原材料階級としての自覚はおろか意識さえ持てず、ましてや背後にある隷属状態を真に理解し、目覚め、解放へと導かれる可能性も遠のくからだ。

パソコンとネットは「革命」のツールだった

現在の生活を大きく変革した、コンピューターやインターネットの発展がもたらした潮流を総称して「IT革命」[1]と呼ぶ。「革命」は、権力の移行など、政治的・社会的な大変革を指すのに使われる言葉で、歴史観や価値観と深く関わっている。歴史の教科書に記述された各種の革命は過去の出来事だが、IT革命は今まさに進行中だ。革命以前を知る人は、革命の前と後の差を身をもって感じ、それ以前を知らないネット・ネイティブ世代は、現状を当たり前のものとして享受している。その差異の歴史的な意義と最終的な評価は、将来に委ねることになるだろう。

現代の民主主義や人権の理念に大きな影響を与えたとされるフランス革命も、その評価は現在に至るまで様々な観点からも変遷してきた。[2] そして革命の暴力と混乱に直面した当事者を除く大多数の国民は、革命に引き続く社会変革の歴史的意義などをさして意識することなく、日常を生き続けていたことは想像に難くない。今日の大半のネットユーザーも、

ＩＴ革命の意義や帰結を真剣に考えることもなく、ネットに起因した事件で死者が出ようと、自分とは無関係な他者に対して「大変だね」「気をつけなくちゃね」と心の片隅で思うくらいが関の山だろう。

ＩＴ革命は、紙と印刷技術の発明によって起こった15世紀の情報革命にも類似する。ともに、情報の量と速度を加速度的に向上させ、人々の情報へアクセスする可能性を広げた。発端は技術的な革新だが、政治や文化など、社会全体を変える広範な影響を及ぼした。情報革命は、人々の認識そのものに大きな変化をもたらすからだ。

そもそも、パーソナルコンピューター（パソコン）は、巨大テック企業へのカウンターとして広まった経緯がある。[3] １９７０~80年代まで、コンピューターはメインフレーム（大型汎用コンピューター）やミニコンピューター（メインフレームよりは小型なのでそう呼ばれた。現在の感覚からすれば全然ミニではないが）が主流だった。ＩＢＭやＤＥＣなどのメーカーがつくる大規模かつ高価なシステムで、その使用は大企業や政府機関、大学などに限られていた。

１９７０年代後半に入ると、アップルやコモドール（Commodore）、タンディ（Tandy）といったメーカーが、個人でも購入可能な安価なパソコンを販売する。後にはＩＢＭも参入し、マイクロソフトのオペレーション・システム（ＭＳ－ＤＯＳやWindows）とともに市場を獲得していく。パソコンの普及には、当時のカウンターカルチャーやＤＩＹ精神が大きく寄与しており、ユーザーの間ではビジネスの要素は忌避される風潮があった。コンピューター上で動くアプリケーション（ソフト）を自分たちでつくって無料で配布する文化があったように、最初は金儲けの道具としては見られていなかったのだ。

さらに、パソコンには、大企業の支配への対抗、技術の民主化、情報の自由な流通などの思想が託されていた。[4] 特に１９７０年代当時は、大企業や権力、資本主義への反逆精神が旺盛だった。若き日のスティーブ・ジョブズやスティーブ・ウォズニアックが、電話回線をハッキングして、無料で世界中に電話をかけられる「ブルーボックス」をつくって販売していたことは、その一例だろう。

ブルーボックスはもちろん違法だったが、順法精神よりも、反体制が評価された時代を反映していた。今このような行為をＳＮＳで公言しようものなら、見せしめに逮捕されているだろう。つまり、もし生まれた時代が異なっていたならば、ジョブズらは迷惑系ユーチューバー扱いされただけで、アップルのような革新的企業が創出されることもなかったのかもしれない。

インターネットも、大企業や権力への対抗手段として注目された一面がある。1990年代にWWW（World Wide Web：ワールド・ワイド・ウェブ）が実装されて以降、パソコンの普及と相まって、一般人にも情報収集やコミュニケーションのツールとして爆発的に利用が拡大する。現在のようにWebブラウザで簡単に情報が閲覧できるようになり、権力や新聞・テレビといったマスメディアによる情報寡占に対抗する手段として、一般市民をエンパワーし、自由や民主主義の世界的拡大に貢献すると期待された。

初期のWebページは文字や静止画が中心のメディアだったが、通信技術の進化と、パソコンやスマートフォンといったデバイスの進化により、音声や映像での情報発信が可能になった。発信のコストも既存のメディアよりも段違いに低い。テレビCMを出すには、東京キー局で1回（15秒）数十万円が必要だが、YouTubeを使えば無料で全世界に動画を見てもらうことが可能だ。さらに、アイデアと運次第で、人気テレビタレントにも勝るとも劣らない広告収益を得るチャンスも生まれた。

こうした、パソコンやWebの初期の動きは、ネット革命に参加し、なんなら悪い権力と戦い、利便性でも政治を含む社会面でもより良い世の中の創出に寄与するという楽観的な期待で満ちあふれていた。そして2000年以降、新聞やテレビの影響力は若い世代ほど減少し続けてきたし、[5]ＳＮＳの登場によってすべての人に直接情報を発信する機会が与えられた。そうした側面だけ見れば、インターネットの普及は当初の目的を果たしているように見える。

　だが、自由や民主主義がより良い方向に促進されたかについては、過たずに疑問符が付く。というのも、かつて革命勢力の一翼を担うと期待されたＩＴ企業の一部は、急激なる変貌を遂げ、新たに獲得した膨大な権力を行使する御し難いマシンと化してしまった（第４章までで見てきたところだ）。その結果、いわば、革命が新たな抑圧や搾取をもたらしている状況であるが、今日なお人々は革命の幻想を引きずっているきらいがある。その証拠に、ネット企業の弊害が指摘されると、パソコンやＷｅｂの前後を知る世代を中心に、「イノベーションの芽を摘むな」といった反応が多く見られる。

　さて、このような現在進行形の喧《かまびす》しい歴史的文脈のもとで、ともすると忘れ去られてしまいそうになるが、著しく重要な、次の疑問が湧き出てくる。つまり、ＩＴ革命の大義と歴史観のなかでは、１人ひとりの個人データなど取るに足らぬものなのだろうか？

Ｗｅｂ3はＷｅｂ民主主義の夢を取り戻せるか？

冷静に振り返れば、パソコンやインターネットに民主主義の理想を見出していた論者ほど、現在の状況がそこからはほど遠いと認識できるはずだ。有り体に言えば、ＩＢＭなどの伝統的な大企業が、アップルやグーグルに置き換わっただけである。しかも、後者の社会全体に及ぼす影響力の大きさはかつてのＩＢＭなどの比ではない。

民主主義を標榜する「Ｗｅｂ３」のコンセプトは、そうした歴史的間隙を縫って生まれてきた。Ｗｅｂ3とは、暗号資産（仮想通貨）やＮＦＴ（非代替性トークン）、ＤＡＯ（分散型自律組織）、ＤｅＦｉ（分散型金融）といった、ブロックチェーン技術を基盤にしたサービスを総称した概念で、２０２1年から２０２２年にかけて盛んに喧伝された。Ｗｅｂ3は、テック企業の中央集権体制に対抗するムーブメントであり、次世代型のインターネットの指針とされる。

なぜ、これが民主主義と関係するのか、少し時間を巻き戻して検討する必要があるだろう。

２０００年代以降、ユーザー自身がコンテンツを生成するＳＮＳやブログといったメディアが登場した。従来のＷｅｂサイトは、その作成に一定のコストやＨＴＭＬなどの知識を必要としたが、これらの新サービスでは誰もがより容易に情報を発信できるようになった。この潮流を、「オライリーメディア」創業者のティム・オライリーなどは「Ｗｅｂ２・０」と名付けた。つまり、より多くのユーザーが能動的に参加できる、ネット民主主義の観点でもポジティブな意味で捉えられたのだ。

とはいえ、確かにＷｅｂ２・０では参加のハードルが下がったが、その構造はプラットフォーム企業による中央集権型を特徴としていた。Ｗｅｂ２・０のサーバーは企業が一元管理しており、ユーザーの投稿は、運営企業の権限で消去されたり、アカウント自体が取り消されたりする。情報は企業が一括して管理し、利益のために活用される。極端な話、企業がサービスを止めてしまえば、ユーザーのアカウントや投稿などのデータはすべて消えてしまう。

極端な話、と書いたが、決して稀な例ではない。実際、「Google+」「Yahoo!ブログ」「Vine」「はてなダイアリー」など、数千万から数億の月間アクティブユーザー数を持ちながら、一方的にサービスを終了するケースは多発している。サービスの終了にあたっては、ユーザー各自がデータのエクスポート、ダウンロードして手元に保存できる処置が行われることが一般的だが、急な経営破綻やセキュリティー問題で突然サービスがストップして、その機会が与えられないこともあり得る。実際に「ライブドアブログ」や「FC2ブログ」では、一部記事が消失する事故が起きている。

また、収益を目的とする企業が主体なので、ユーザーにとって不利な運用もまかり通る。Twitter（現X）は、2022年12月に他のSNS（FacebookやInstagram、Mastodonなど）へのリンクを含む投稿を禁止すると発表し、多くの批判を浴びた。[6] また、Facebookでは外部リンクを含む投稿が、他の種類の投稿に比べて表示されにくい現象が報告されている。

これらは、なるべく自社のサービス内にとどまってもらうことで、広告収益を最大化するための施策だと容易に想像がつく。というのも、ユーザー数が頭打ちとなったことで、こうした多くのユーザーの意向を無視した改変がなされる場合が多いからだ。これも、中央集権ゆえに起こっている弊害の1つである。そして、企業による運営のため、政府など権力からの干渉も受けやすい。

これに対してWeb3は、ブロックチェーン技術をベースとした非中央集権型のネットワークである。特定のサーバーに依存せず、世界中に分散したコンピューター（ノード）によって構築されるブロックチェーンでは、非中央集権型のサービスが可能だ。一企業や政府がルールをつくるのではなく、「Code is Law」（コードが法）を理念に、民主主義の実現が企図されている。

そうした考え方をＷｅｂ３上で実現した仕組みが「ＤＡＯ」（ダオ）である。ＤＡＯは、Decentralized Autonomous Organization の略で、日本語では「分散型自律組織」と訳される。従来の組織は階層的かつ権限を持つ代表者が意思決定を行うのが一般的だったが、ＤＡＯには代表者はおらず、分散したメンバーが意思決定を行う。ＤＡＯはブロックチェーン上で運営され、そのルールはスマートコントラクトという仕組みで自動的に実行される。投票は自動で集計・記録され、公開されるため、透明性が高い組織運営となる。

そうした新たな属性を持つＷｅｂ３だが、これによってＷｅｂ２・０の欠点を克服し、理想の民主主義を実現できるのだろうか？　一意的な回答は困難とはいえ、少なくとも短期的には厳しいと言えよう。現在のＷｅｂ３は、まだ発展途上のためユーザーフレンドリーではなく、知識と自己責任が求められるからだ。

例えば、暗号資産を自分自身で管理する場合、秘密鍵を他人に知られると盗まれてしまうし、秘密鍵を忘れてしまえば（原則的には）暗号資産はなきものになってしまう。「Code is Law」の原則のもとでは、秘密鍵を持つ者が所有者で、伝統的な銀行や証券会社とは異なり、誰もパスワードを再発行してはくれない。

また、Web3は構造的に分散がはかられるとはいえ、プラットフォーム内での影響力は、1人1票の原則ではなく所有するトークンの量に比例することがほとんどで、その投機性の高さを含め資本主義的な傾向が強く見られる。ブロックチェーンの技術自体は画期的だが、超えなければならない制度的・技術的な問題は山積しているのだ。いずれ大変革を成し遂げることが切望されるとしても、短期的には期待と失望が繰り返されていくことは容易に想像がつく。

振り返ってみれば、登場時のWeb2・0も、誰もが広く参加できるという意味で民主的なサービスと目されていた。SNSでは、自前のサーバーなどを構築することなく無料で情報を発信することができる。そのため参加者が増えるにつれて、「集合知」が期待でき、参加する（発言する）民主主義の実現が期待されていた。「アラブの春」など、そうした期待が短期間実現したように見える出来事もあったが、SNSが一層広範に浸透するにつれて、本書の第I部で論じたエコーチェンバー現象、フィルターバブル、マインド・フ＊ックなどが世界的に蔓延し、その進展と反比例するかのように、ネットの民度は下がってきたようにも映る。

ユーザーが動員されてロビイストと化す

ネットビジネスでは、擬似的な支持者たるユーザーを多く抱えていること自体が政治的な力となり得る。それを象徴するのが、企業活動が制限されるような規制が検討されると、直接、議員など政策決定者への働きかけ（ロビー活動）を行い、そのバックアップとしてユーザーを「動員」するケースだ。

例えば、日本でも条件付きで解禁された「ライドシェア」サービスの先行例を見ておこう。[7]ライドシェアとは、アプリ上で乗客とドライバーをマッチングするサービスで、乗客はタクシーよりも安価に移動でき、ドライバーは自家用車を使って金銭を稼ぐことができる。すでに海外では普及しているライドシェアだが、先行している地域では、ドライバーの増えすぎによる交通渋滞や、低質なドライバーによる暴行など弊害も目立っている。

2015年、ニューヨーク市は交通渋滞の悪化を理由にライドシェアサービスの最大手

「Ｕｂｅｒ」（ウーバー）の台数増加を年間1％に制限する条例制定を計画した。これにＵｂｅｒを運営するウーバー・テクノロジーズ社は猛反発。アプリに当時の市長の名前ビル・デブラシオを冠した「デブラシオモード」を搭載した。これは、条例が制定されれば配車がされなくなる影響を可視化し（25分の待ち時間を表示）、「No Cars–See Why」（クルマはない、理由を見る）といったボタンをタップすると、条例への反対をメールするようにユーザーを誘導した。

Ｕｂｅｒのドライバー、およびタクシーがなかなか捕まらない不便な生活への逆戻りを恐れたユーザーたち（女優などのセレブもこれに加わった）の行動を促した結果、ニューヨーク市は条例の提案を撤回することになった。[8]

このユーザーらの「動員」は成功した例ではあった。とはいえ、２０１８年に規制論が再燃し、今度は配車サービスの車両数に上限を設ける条例案が可決された。タクシー運転手の自殺など、メリットよりも弊害の方が目立ってきたこともあり、このときは、アプリ内の表示も功を奏さなかった。[9]

直近では、こうした「動員」が逆効果になる事例も見られる。２０２４年3月、米下院議会は、中国のバイトダンス社（字節跳動）が運営する動画ＳＮＳ「TikTok」（ティックトック）を安全保障上の理由で事実上禁止する法案を全会一致で可決した。これに先立ち、バイトダンスはアメリカのユーザー1億7000万人に、アプリを通じて「地元議員に電話をかけてクレームを言うよう」に促した。画面で郵便番号を入れて数タップすれば、地元議員の事務所に電話がかかる仕掛けが用意され、苦情の電話が殺到した。これが逆に、禁止に慎重だった議員の逆鱗に触れ、全会一致で法案は可決された。[10]

こうした動員は、目新しさがなくなったこともあり、必ずしも有効な方法ではなくなりつつあるようだ。一時期は政府よりもGoogleの方が信頼できると考えるユーザーも多かった。だが、「インターネットは自由な空間であるべきだ」とする錦の御旗は今や色あせ、テック企業の利益のための「動員」は、ユーザーの思慮不足とも相まって、政治的な影響力を失いつつある。うっかり動員されたユーザー側も、成果なしでは冷静にならざるを得ない。

テックミーハーな日本人

多くの日本の読者にとって、「便利な生活を実現するテクノロジーvs.それを阻害する政府の規制」という構図には、ある意味、馴染み深い側面があるのかもしれない。先ほどのライドシェアについても、海外で利用を経験した人や、タクシー不足を感じている人を中心に、導入を望む声が上がっていた。アメリカのように普及による弊害は認識していても、規制が厳しすぎる、既得権益、圧力団体の声を聞きすぎるといった不満だ。

もともとアーリーアダプターと呼ばれる人々は、新技術に対する感度が鋭く早期から利用したがるのが特徴的だが、歴史的に海外の最新テクノロジーの移入に馴染んだわが国の「初期採用者」たちの間に、いわば「テックミーハー」の傾向が認められるとしても不思議はないのかもしれない。

最近の例では、生成ＡＩだ。２０２２年11月30日に公開されたOpenAIの「ChatGPT」は、そのわずか４カ月後、日本では利用者が１００万人に達した。[11] また、野村総合研究所のアンケート調査によると、回答者の61・３％がChatGPTを認知し、12・１％が実際に利用したことがあるという。日本からのアクセス数は１日７４６万（２０２３年４月中旬）に達し、国別のトラフィックシェアは、アメリカ（10・６％）、インド（9・0％）に次ぐ3位（６・６％）となっている。人口あたりの利用数ではダントツの１位だ。[12]

ChatGPTだけではない。マイクロソフトの検索エンジン「Bing」の会話型ＡＩ機能（現

「Copilot」）では、限定公開のプレビュー版の登録者100万人以上のうち、日本の登録者が10万人以上と約10％を占め、1人あたりの検索数は日本が世界でトップだという。[13]

なぜ、日本人の多くは新しいテクノロジーに好意的なのか？　様々な理由が考えられるが、ざっくり振り返ってみると歴史的な背景も無視できないだろう。

日本の歴史において、社会を変革するキーとなるテクノロジーはほぼすべて海外から輸入されてきた。日本史の教科書を開けば、弥生時代に大陸から伝来した稲作や鉄、漢字に始まり、約480年前の鉄砲伝来、約150年前の「文明開化」と、技術の輸入の記述が続く。仏教伝来やデモクラシーといった思想・宗教・文化についても同様だ。

多くの日本人が新たなテクノロジーを抵抗なく受容するのは、それらが「すぐに役立ち」「外からやってくる良いものだから」ではないだろうか。外の世界ですでに効能が立証済みの新技術がわずかな時間差でやってくるのだから、導入の効果はほぼ約束されたようなものだ。いち早く取り入れることでグループ内（国内）での立ち位置を優位にできる。

近年でも、アメリカのインターネット産業を日本に持ち込んで大成功を収めた、ソフトバンクグループ会長兼社長・孫正義の「タイムマシン経営」など、海外で成功したビジネスモデルを他社に先んじて国内展開し、成功した事例は数多くある。明治維新以降を見ても、鉄道・自動車・航空機・造船・製鉄・繊維など当時の新技術を受け入れてこまめに「改良」していくことこそが、日本人は大得意で、アジア圏のなかで先取的に近代化を成功させた先例には事欠かない。

「反テクノロジーは損」という刷り込み

だが当然のことながら、テクノロジーには副作用もある。近代化から高度成長期にかけての公害や、モータリゼーションによる交通戦争など、負の側面が露《あら》わになると、そうした事象に対する反省や批判、ときには強い反対運動が起こる。そしてバランスを取るべく、技術的な改良と併せて、法的な規制が行われる。

このような動きは、程度の差こそあれ、どの国でも同様だ。ただ、多くの日本人は、よく理解しないままにテクノロジーに反対することは、発展の可能性を阻害するという認識がより強いように思われる節がある。そうした傾向を表している一例が、「鉄道忌避伝説」だ。

鉄道忌避伝説とは何か？　明治5（1872）年、新橋―横浜間で最初の鉄道が開業して以降、明治時代は日本全国に急速に鉄道網が拡張していった。鉄道が計画される段階では、様々な理由による反対が起きたとされる。街道沿いの宿場町からは「[鉄道の速度が速いため]宿場に人が泊まらなくなる」、農家からは「蒸気機関車の振動で稲穂が落ちる」「家畜の発育が悪くなる」などといった声が起こったため、それらの街道や集落を回避して鉄道のルートが決定された。その結果、もともとは僻地だった駅周辺や沿線が発展したのに対して、反対運動のあった街道や集落は衰退したという「伝説」である。

北海道と沖縄を除く日本全国にわたって言い伝えられ、小中学校の授業でも取り扱われたことで、一定の年齢以上の日本人に、ほぼ〝常識〟として知られている。

ところが、交通地理学を専門とする地理学者の青木栄一が調査したところ、鉄道のルート決定においては、反対運動の影響はほぼ受けていなかった。居住者の多い街道沿いなどは、用地買収に費用や時間がかかるため最初から避けられていたのだ。

ルート決定を最も大きく左右した条件は、むしろ「地形」だった。明治期は、橋梁やトンネル掘削の技術も今ほど高くなかったため、急勾配を迂回する必要があり、合理的なルートは限られていた。反対運動や、逆に誘致運動にも、配慮して変更する余裕はなかったのである。一部の地域で反対があったのは事実だが、後に多くの地域で語られている反対運動は、根拠がなく、後の時代に創作された可能性すらあるという。

具体例として、JR東日本の中央線の歴史を見てみよう。新宿から中央線で西に向かうと、東中野駅から先は立川駅に至るまで約25㎞のまっすぐな線路が延びる。この直線距離は在来線で2番目に長い（1位は北海道、室蘭本線の白老《しらおい》―沼ノ端《ぬまのはた》間の28・7㎞）。なぜこの線路がここまでまっすぐなのか、疑問に感じた人もいるのではないだろうか。

中央線の新宿―八王子間は、明治22（1889）年甲武鉄道によって開業された。路線ルートの経緯についてははっきりとした資料はないのだが、やはり反対運動が影響したという伝説が残っている。「反対に遭って困惑した技師が、地図上に定規を置いてバーッと線を引いた。それが現在の中央線」というものだ。

確かに、近辺の街道（青梅街道や甲州街道など）が斜めに走っているのを完全に無視した人工的な直線だ。だが、甲武鉄道がその名の通り、甲州（山梨）と武蔵（東京）を結ぶ計画であり、ほぼ平らな武蔵野台地を目的地へ向かってまっすぐな路線とするのは、経済的にも合理性がある。

いずれにせよ、こうした、地域の発展と衰退を分けたという鉄道忌避の「伝説」は、その分かりやすさもあり浸透し、さらに全国の地方史誌に掲載されたことで歴史として定着していく。[14] そのベースには、文明開化、テクノロジーの受容を是とする意識があったであろう。

他にも明治期の鉄道に関する逸話としては、「履物をホームで脱いで乗車した人がいた」が有名である。また「電信」が開設されたとき、人々が電線に手紙や荷物をくくりつけて、いつ動くのかと見守っていたというエピソードも残されている。

文明開化時代のこうした逸話は、「昔の人はテクノロジーに無知だった」という偏見を含み、新しいテクノロジーに反対するのは得策ではないという「教訓」として伝えられ、強く日本人の心に刻まれている。

歴史観のアップデート

われわれが原材料階級であることを自覚するには、このようなＩＴ革命への幻想やテクノロジーに対しての歴史感をアップデートする必要があるだろう。

第1に、構造的な変化を認識することだ。今から四半世紀前、Googleが登場したときのことを思い起こしてみよう。他の検索サイトのようなバナー広告がない超シンプルな画面と、素晴らしく有能な検索エンジンが導き出す検索結果に、今や成熟したインターネット世代（ネットスラングでは「インターネット老人」とも呼ばれる）は感動した。間違いなくクールで革新的で、Google から一方的に利益を得ているようにさえ感じていた。ユーザーが入力する情報が Google によって取得されようとも、それがより良い検索結果につながるのであれば、喜んで差し出した。

これを親子の関係にたとえるなら、登場時の Google は、食事や住環境を提供してくれる親のような存在で、親が子どもの写真を撮ったり言葉を記録したりしたとしても、それは子どものためと信じられ、ある意味、素朴で大きな信頼があった。元来 Google 自身が非公式的なモットーとして、「Don't be evil」（邪悪になるな）を掲げており、少なくとも当時のネットユーザーの多くは、従来の企業や政府よりも Google の理念を信頼する傾向さえ見られた。

それが怪しくなったのはいつ頃だろうか？

大きな転換点は、２０００年の広告システム「AdWords」（現 Google Ads）導入にある。AdWords は、ユーザーが検索したキーワードにもとづいて広告を検索結果の画面上部に表示し、クリックに応じて広告主が広告費を支払う「ペイ・パー・クリック」（ＰＰＣ）

を特徴とする。成果報酬ゆえ、ユーザーと広告の関連性が重要で、これ以降Googleはユーザーの行動履歴を含むあらゆる個人情報を分析し活用することで、莫大な収益を得るようになった。

これによって、今まで子どものように一方的に利益を与えられていたユーザーは、親に搾取される子役タレントのような存在へと変化した。気づかぬうちに、プロフィールや写真、動画がこっそりとネットで販売されていたようなものである。児童ポルノがらみではよくある構図だ。そして、このとき以降、濡れ手で粟式に、人類の原材料化のプロセスが一気呵成《いっきかせい》に進んだ。

幼い頃からの親に対するような信頼があったがゆえに気づきにくいが、よくよく見てみれば、Googleの検索結果には「スポンサー」と表示された広告がずらりと並び、もはやかつてのスマートさは消えている。かっこいいお父さんは、見た目もちょっとダサくなり、いつの間にか子どもを使って贅沢をするオヤジになってしまった。

子どもだったユーザーはうすうす「親も人間であり、聖人君子ではない」と気づきつつも、即座に断罪するような気持ちにはならないかもしれない。しかし、いずれ子どもが成人して、客観的に親の是非を判断できるようになるときは来るだろう。

ＩＴ革命の歴史観も、時間の経過とともにアップデートされるべきであろう。スティーブ・ジョブズ、マーク・ザッカーバーグ、イーロン・マスクなど、ＩＴ業界の革命児のサクセスストーリーには胸を躍らせるものがあるが、その企業やサービスが現在どのような影響をわれわれに与えているかを客観的に精査する必要がある。

それは、新しい技術をキャッチアップし、ビジネスや生活に役立てようとする姿勢とは矛盾しない。条件反射的な否定や批判でも、いたずらな追従でもなく、歴史における１人の当事者としてどうすべきかを考えるということでもある。旧ソ連時代、抑圧を受け、物資不足などで困窮した国民のように、「革命の理念は否定できない」「革命前もひどかったから」とやせ我慢する必要はないのだ。Ｗｅｂが一般化してから30年が経とうとしている今日、そろそろ革命の「物語」から解放されてもよい時期ではないだろうか。

ところが、構造的な変化を理解し、歴史観をアップデートしたとしても、ネットビジネスの弊害がすぐになくなるわけではない。なぜなら、一部のネットビジネスは、全体主義の国家による洗脳よりもはるかに巧妙にわれわれの脳を操作しているからだ。次章では、ネットビジネスによる認知操作の実態について、さらに深掘りしていく。

第6章

加速する認知コントロール

アルゴリズムによるアテンション操作

ネットビジネスはユーザーから見えない領域で個人情報を収集するだけでなく、人間の「認知」に直接働きかけて行動を操作している。ユーザーがこれを自覚するのは難しい。自分の検索履歴や行動履歴をもとに、興味関心に即した広告が表示されることに気づいたとしても、自分の思考や行動が操作されているとまでは思わない。ほとんどの人間は、自分で「情報を取得」し、自分で「思考」した結果、意見を「発信」し、「行動」していると認識しているからだ。だが、そうした認識は本当に正しいだろうか?

X（旧Twitter）やFacebook、YouTubeなどのSNSは、ユーザーに表示する広告によって収益を上げている。そのために用いられるのが、ユーザーのアテンション（注目、関心）や滞在時間を最大化するアルゴリズムだ。

かつてTwitterは、自分がフォローしたアカウントの投稿のみがタイムラインに表示される仕組みだったが、2023年1月から、フォローしていないユーザーのツイートが「あなたへのおすすめ」としてタイムライン上に表示されるようになった。最初にフォローしたアカウントの投稿だけを見るスタイルだと、刺激がなくなって飽きてしまう。新たに面白い人を次々にフォローしていくユーザーばかりではないため、フォローとは直接関係ないが、関心を示すと想定される投稿内容を表示することで、滞在時間を増やそうとしている。

Facebookでも同様に、ニュースフィードに表示される投稿は時系列ではなく、アルゴリズムが「ユーザーが反応する可能性の高い」投稿を優先的に表示する。いずれもサービス当初のように自ら選択した情報ではなく、目の前にニンジンをぶら下げられて走る馬のように、アルゴリズムが選択した餌によってユーザー行動が誘導されている。これは、SNSに限らない。ネットニュースやネット広告から、Netflixのようなコンテンツビジネスまで、ほとんどのネットビジネスはアテンションの獲得にしのぎを削っているのだ。

アルゴリズムは、人間の脳の仕組みをいわば悪用し依存させるよう設計されている。これは陰謀論の類いでも妄想でもない。フェイスブックの元CEOショーン・パーカーは、「ソーシャルメディアは、あなたの時間と意識的な注意を最大限に消費するよう設計されている。例えば、あなたの写真や投稿などに〝いいね！〟やコメントが付けられるたびにドーパミンが分泌され、もっと承認されたくなるフィードバックループが起こる。開発者は意識的に人間心理の脆弱性を悪用しているのだ」と発言している。[1]

ドーパミンは人間に行動を促すための神経伝達物質の1つで、人間が何かに注意を向けた際に脳内に分泌される。飲食や生殖活動などに強く意識を向けさせることで、行動を促す。そのためドーパミンは行為に至る前、行為を意識した瞬間から分泌される。SNSで他人が投稿した美味しそうな食べ物やセクシーな写真を見たとき、注意を惹かれるが、それはドーパミンの所産だ。

人間のアテンションは、他の欲求と比べて際限がない。一般的に、飲食店がユーザーから求められるのは1日3食程度だし、江戸時代の大奥のように、魅力的な女性を数多く揃えたとしても、行為に及ぶ回数には限度がある。だが、人間のアテンションは、目が覚めている限り永続している。目の前で起こっている現実であれ、スマホの画面上であれ、何か新たな情報があれば自動的に注意が向けられる。

アテンションに関連する脳の報酬系は、本来は生存もしくは子孫を残すための仕組みだ。原始時代の人間は、夜の草むらでカサカサと音がすれば、瞬時に注意を向けた。音の原因は天敵かもしれないし、獲物かもしれない。危機にせよチャンスにせよ、生き残るためには注意を向ける必要があり、そうしなかった者は命を継続できなかった。

こうした脳の仕組みは現代人に引き継がれているが、ネットで発せられる情報の大多数は、生死には直結しない（例外は、災害時の警報ぐらいか）。草むらの音への反応と同様、スマホの通知には自動的に反応し、そこで何かしら面白いもしくは自分にとって重要な情報に接することで、報酬系が強化される。その結果、スマホを絶えずチェックしてしまうようになる。

SNSをはじめとしたスマホアプリには、細かくユーザーのアテンションを継続させるような巧妙な仕掛けが施されている。画面上のパーツの色や形から、操作したときの画面の動きに至るまで、様々な検証を経て滞在時間を最大化するようなUI／UXが実施されているのだ。

2023年の調査によれば、約2割のユーザーは1日平均で4時間以上スマートフォンを使用している。さらに全体の6・4％は1日6時間以上で、1カ月あたり180時間以上。使用する時間帯としては、夜と深夜で54・4％を占める。[2] ブラック企業とされる職場での月の残業時間100時間をゆうに超えている。もちろん、余暇にどのような時間を過ごすかは個人の自由ではあるが、多くの人々はネットビジネスが仕掛けたアルゴリズムによって、多大な時間と精神的なエネルギーを消費しており、精神は疲弊して当然だろう。

陰謀論──なぜ政治の偽情報が拡散するのか？

19世紀末に「脱出王」として名をはせたハンガリー出身の奇術師ハリー・フーディーニは、後ろ手に手錠をかけられて真冬の川に投げ込まれる、列車が通過する線路に縛りつけられるといった状況から生還するマジックでよく知られた。そんなフーディーニが残したのが、「人は他人の死を見たがらないが、現場にはいたがる」という言葉だ。

多くの人間は死を怖がり、見たくないと頭では思う。しかし、怖い物見たさという言葉があるように、人は本能的に死を感じさせる出来事に強く興味を惹かれ、興奮する。自らの安全が確保されていれば、進んでそれをのぞき込みに行く。古代ローマ時代のグラディエーター（剣闘士奴隷）にはじまり、ありとあらゆる格闘技、ホラーやミステリー、アクション映画まで、恐怖と興奮がセットになったコンテンツの人気が絶えることはない。ネットのコンテンツも同様である。SNSでは世界中のユーザーから事件や事故の映像が送られてくる。街中での喧嘩やドライブレコーダーで記録された交通事故や煽り運転など、身近なトラブルであっても脳を興奮させるには十分である。むしろ日常的なトラブルの方が、リアルで臨場感が感じられるのかもしれない。

暴力には他の動物も反応するが、言語を用いた争い、つまり「論争」をする能力を持っているのは人間だけだ。論争は人を興奮させ、実際の暴力にまで発展することもある。なかでも過熱しやすいテーマが「政治」だ。政治的な議論は、賛成と反対という対立構造になりやすく、議論が2極化しやすい。さらに、政治的な信念は自分こそが「正義」だと認識しがちなため、対立も激化しやすい。また、政治の話題は興味の強弱はあれど、職業や年齢、立場に関係なく、人々の生活や将来に影響がある。

にもかかわらず、一般にリアルの日常生活では避けられる傾向が強いため、そのはけ口として匿名で発信できるネット上では、抑制抜きで本音が披歴されがちで、過激化しやすい。

過激化する論争の源泉となっているのは、怒りの感情である。経済問題、安全保障、福祉政策、最近であればジェンダーに関する政策など、人それぞれに不満や不公平さから怒りを感じ、政治的な議論に参加する。そして、対立する意見がしばしば誇張された形で表明されるのを見ると、自分の信念が攻撃されたと感じ、防衛のために戦闘モードに入る。交感神経が活性化し、脳内でアドレナリンやノルアドレナリンが分泌されるのだ。

そうした傾向に呼応するかのように、SNS企業側にも意図的に〝煽る〟傾向が目立つようになり、内部告発者の証言も出始めた。

例えば、2021年10月1日、米ウォール・ストリート・ジャーナルがフェイスブックの内部資料をリーク。[3] 10月3日には、元社員のデータアナリスト、フランシス・ホーゲンがCBSの報道番組「60ミニッツ」に内部告発者として顔出しで出演し、「フェイスブックは憎しみや分断、2極化といった怒りの感情を引き起こすコンテンツが人々を惹きつけることを認識しており、2018年のアルゴリズム改変以降、サイトに滞在させる目的でそれらを優先的に表示していた」と証言している。[4]

本来、政治について人々が議論することは望ましく、民主主義の健全な進展に不可欠な要素であろう。しかし、SNS上では議論を整理する仕組みがなく、エコーチェンバーで一方的な信念が増長されがちなこともあり、建設的な議論にはなりにくい。さらに、その議論が必ずしも正確な情報にもとづいていないことも深刻な問題だ。

米マサチューセッツ工科大学（ＭＩＴ）のある研究では、２００６年から２０１７年までに投稿されたTwitterのデータ（４５０万回以上ツイートされた約12万６０００件）をもとに、偽情報の拡散について分析した。その結果、虚偽のニュースは真実のニュースよりも70％多くリツイートされ、その拡散のスピードは6倍速かった。

投稿の内容は、「エンターテインメント」「ビジネス」「政治」「テロ」「自然災害」「科学」「都市伝説」などにカテゴリー分けされたが、そのうち「政治」に関するものが約４万５０００件と最大を占め、その拡散も他のカテゴリーよりも顕著であった。[5]

こうした虚偽のニュースを広めるのは、自動化されたｂｏｔ（指定されたタスクを自動で実行するプログラム）だと考えられがちだが、この調査では人間の手による拡散のみで集計されている。追加調査によると、ｂｏｔでの拡散は虚偽のニュースと真実のニュースがほぼ1対1で、いかに人間が偽情報に影響されやすいかを示している。[6]

人間が偽の情報に影響されるのは、真実の情報に比べ、偽情報の方が「インパクト」と「分かりやすさ」を備えている傾向があるからと考えられる。その最たるものが陰謀論だ。

陰謀論は、闇のつながりや組織が政府や歴史を裏で操ってきたといった、刺激的かつシンプルな物語性を持つ。さらに、自分たちのみが真実を知っているという優越感もそれにハマる魅力なのだろう。

昔から陰謀論は存在していたが、一部のコミュニティーや書籍など、その情報の流通は限られていた。マスメディアが大きく取り上げることはなく、一部の人の趣味やエンターテインメントの範疇にすぎなかった。だが、インターネットの普及によって広く流布されるようになり、現実の政治にも影響を及ぼしつつある。

なかでも、一躍世界中に知られるようになったのが、アメリカの極右政治運動「Qアノン」だ。その信念によれば、世界は闇の政府「ディープステート」（DS）によって支配されており、その支配者は悪魔崇拝かつ小児性愛者の集団で、儀式として人身売買や性的虐待を行っている。多くのセレブや民主党の政治家はDSの支配下にあり、ドナルド・トランプこそがそれと闘っているのだと表明されている。

そうした「信仰」が、トランプがジョー・バイデンに敗れた2020年の米大統領選挙の結果を不正だとして、連邦議会議事堂が占拠される事態に発展したことは記憶に新しい。

世界の多くの人々や識者にとっては、目眩《めまい》がするようなQアノンの陰謀論かもしれないが、それでも一定の根強い勢力を維持している。米公共宗教研究所（ＰＲＲＩ）の２０２２年２月の世論調査では、アメリカの成人の16％がＱアノンの陰謀論を信じている。[7]この割合をアメリカの総成人人口に敷衍《ふえん》してみると、４１００万人以上だ。さらに衝撃的なのは、別の米ニュースサイトの世論調査によると、有権者の44％が「連邦政府は秘密結社が掌握している」と回答している。[8]

厄介なのは、ＳＮＳの陰謀論を遮断あるいは規制すると、そのこと自体が闇の権力からの圧力と捉えられ、彼らの正当性を強化してしまう傾向が否めないことだ。決してたやすいことではないが、そうした事態の悪影響を可能な限り未然に減じるのは、情報リテラシー教育やジャーナリズムの範疇だろう。

匿名掲示板「２ちゃんねる」を創設したひろゆき（西村博之）の「嘘は嘘であると見抜ける人でないと「掲示板を使うのは」難しい」という言明は、今でも情報リテラシーの重要性を示す際によく引用される。

彼のこの意見表明は、２０００年に17歳の少年が人質を取って高速バスを乗っ取り、死亡者１人、負傷者２人を出した西鉄バスジャック事件を契機としている。犯人の少年が２ちゃんねるに「ネオむぎ茶」のハンドルネームで犯行予告と見なされる書き込みをしていたことを指摘されたひろゆきが、テレビのインタビューに応えた際に発せられたものだ。

とはいえ四半世紀後の今日、55億人ものユーザーがいるネット空間で、そうしたレベルのリテラシーを前提とするのは著しく困難であろう。名のある知識人でも陰謀論を信じてしまう事例が跡を絶たないように、むしろ知識の過多が思い込みを伴って陰謀を裏打ちしてしまい、信奉者の増加に貢献している一面もあろう。さらに、特定の分野での知識が、必ずしも別の分野での偽情報を見破るのに役立たず、あらゆる情報の真実性を見抜ける人間は限りなくゼロに近い。そのため「嘘を100%見抜ける人はおらず、［SNSを上手に使うのは］難しい」のだ。

陰謀論など虚偽のニュースが拡散し、ネット空間では冷静な議論よりも極端な意見の方が影響力を行使することで、多くの国で政治の2極化が進み、深刻な社会的分断がいや増しに深化している。

先に第4章で見たように、アメリカでは民主党と共和党、およびそれぞれの支持者の間で政策や価値観の相違はますます拡大する一方だ。日本においても、選挙戦で対抗馬への選挙妨害をまるで芝居のように演じ、自らネット配信するといった事例が目立ち始めた。明らかに過激化したネット空間の影響が見られる。

パンとサーカスが闊歩した古代ローマの時代に、残酷な剣闘士試合をやめさせようと競技場に下りたち抗議した修道士テレマクスは、怒った観客の投石によって殺されてしまった。そうした争いを追い求め、煽情的な刺激に煽り立てられることを好む大衆がおり、扇動と暴力のループを掻《か》き立てる社会的メカニズムが勢いよく回り続ける限り、その弊害を根本的に食い止めるのはほぼ不可能に近い。

「大承認時代」が生むメンタル弊害

とはいえ、陰謀論や政治的な争いといった修羅の様相ばかりがSNSではない。あらゆる形態の戦いに興奮を覚えつつも、それればかりでは疲れてしまう。大多数の人間は、ときに刺激も求めつつ、穏やかで充足感にあふれた日常を求めている。

例えば、Facebook は実名登録でリアルな人間関係が、Instagram は写真や動画の投稿がメインであることから、比較的和やかで平和的なコミュニケーションが大多数を占めているように見える。そして、おいしい食べ物、結婚などの慶事、趣味の活動、仕事の成功といった、ポジティブな投稿に「いいね！」が付けられる。

フェイスブックの元CEOショーン・パーカーの言を俟《ま》つまでもなく、「いいね！」はユーザーの承認欲求を満たす仕組みだ。元来、人に対する承認や肯定は好ましい行為とされるが、SNSは人々の承認欲求を肥大させ、依存のレベルにまで増幅させている。

従来は近しい人間関係にとどまっていた承認や他人との比較が、SNSによって時間的・空間的に無尽蔵に広がった。今や誰もがいとも簡単に自己顕示ができ、好意的に反応してもらえる。銀座の高級クラブとは異なりお金もかからず、そもそも特別にどこかへ出かける必要すらない。さらにアイデア次第では有名にもなれるのだから、SNSが流行《はや》らないわけがない。

そして、承認欲求を満たすためにSNSにアクセスし、少なくない人々が自分を実態以上に〝盛って〟見せようとする。多くの人々のなかで目立とうとするには、そうせざるを得ず、またリアルに自分を知らない相手には嘘がばれにくいことも理由だろう。

虚実がないまぜになった自慢があふれる一方で、富や成功を見せることができない〝持たざる者〟のなかからは、飲食店での迷惑行為、煽り運転や暴走といった犯罪行為をSNSで公開する者が頻出している。当然バッシングを浴びるわけだが、これも承認欲求のなせるワザである。

承認欲求は自慢によるものとは限らない。逆に自分に起こった悲しい出来事を投稿し、慰めや励ましをもらうのも承認であるし、環境に良い製品を購入している、社会問題に関心を示して行動しているといった「意識高い」系の行動も、SNSにアップした瞬間に、一種の見せびらかし、承認を得る目的で実施される行為と化す。特にZ世代以降にこの傾向が強いと想定される。要するに、かつては独裁者や有名人、文学者などにしか許されていなかった顕示的行為が万人に開放された「大承認時代」が、SNSによって怒涛のように出現したのである。

言うまでもなく、承認欲求は、生存のために人間に備わったメカニズムである。その知能と武器によって食物連鎖の頂点に立った人類にとって、同類である人間も生命を脅かす存在になった。古代の農耕社会では、死因の15％が人間の暴力によるものであり、[9] 集団でこそ強みを発揮する人類にとって、集団からの追放や疎外は死を意味していた。

ところが現在において、全世界の死亡率のうち、暴力に起因するのは約1％にすぎない。日本ではさらに少なく、令和4（2022）年の死亡総数156万8961人のうち、他殺は213人とわずか0・01％ほど。[10] ちなみに、自殺は約2万1000人と他殺の100倍で、日本人は他人の100倍、自分を殺す可能性がある。

承認欲求には、同じ人類メンバーへの恐怖を深層意識で感じトラブルを避けるために作動させる側面と、他人からの評価を得るほど、多くの富や権力も増加するプラスの側面の2つがある。

後者もSNSによって強化される。ネット空間がビジネスで重要になるにつれ、SNS上での自己プロデュースの上手下手が、ビジネスの成功を左右するようになった。そして、承認欲求は劣等感の裏返しでもある。多くの人とつながるSNSは、常に他人と自分を（意識的あるいは無意識的に）比較する結果、自ずと劣等感を生じさせる。

『スマホ脳』の著書で知られるスウェーデンの精神科医、アンデシュ・ハンセンは、SNSの利用が多いほど孤独感が増すなど、心の健康に悪影響だとする調査結果を列挙し、特に10代や20代の若年層への弊害に警鐘を鳴らした[11]。

さらに彼はこうした現象を、精神を安定させる働きをする脳内のセロトニンと社会的地位との関係で説明する。サルの群れのボスは他のサルよりもセロトニンの分泌量が多く、ボスの地位を退くとセロトニンの量が減り、行動量も減少してうつ状態になるという。人間の学生を使った実験でも、リーダー的な存在の学生や教授はセロトニンの量が多かったという。SNSによって自分と比較する対象が格段に拡大した結果、無気力感やうつの症状のある人が多く生み出されたというのだ。

「隣の芝生は青く見える」と言うが、自分よりも他人の方がよく見える心理現象が人間には備わっている。しかも、嫉妬の感情は、セレブなど遠い存在よりも、近いレベル（隣）の人に対して感じやすい。SNS空間は、そうした「隣」の数を無限に拡大して見せる。SNSの利用でセロトニンが増大し自信を深められるのは、一部のインフルエンサーのみで、大多数のユーザーは利用するほどにセロトニンが減少していると想定しても矛盾はないだろう。特に、感受性が強く世間慣れしていない若年層への影響は無視できない。

ヨーロッパ諸国が新しい航路を開拓した大航海時代は、ヨーロッパ諸国に膨大な富をもたらした半面、ヨーロッパ人が持ち込んだ天然痘などの感染症が免疫を持たない先住民族を大量に死に追いやった。メキシコではスペイン人によって感染症が最初に持ち込まれる前年、1518年に2500万いた人口が、1603年には100万まで減少したという。

新たなバイラル（ウイルス性の意）が世界中を駆け巡る「大承認時代」も、免疫を持たない若者を中心に、必ずしも物理的に特定できるとは限らない〝死に至る病〟をもたらしていると推論することも決して不可能ではないだろう。

脳内に直接アクセスする認知戦

2013年から2015年にかけて、シリアやイラク、また欧米諸国から多数の若者が「ISIS」(イスラム国)の戦闘員として加わった。その多くは、スマホを手放せないネット・ネイティブ世代である。彼らを戦場に誘ったのは、狡猾な指導者やマスメディアではなく、ある1人の若者が率いるサイバー部隊だった。

イギリス・バーミンガム出身のハッカー、ジュネイド・フセインは、18歳のときにトニー・ブレア元首相のメールアカウントに侵入、個人情報を流出させた件などで有罪判決を受けて6カ月間服役した。[12]

イスラム過激思想に傾倒したフセインは、出所後の2013年、妻とともにシリアに入ると、「アブ・フセイン・アルブリタニ」として、ISISのサイバー部隊を率いるようになった。フセインが兵器として最大限に利用したのがTwitterなどのSNSだ。ISISのTwitterアカウントは、最大7万以上にも達し、それらのアカウントを通じて多くの戦闘員を勧誘したのである。[13]

ＩＳＩＳの活動は、クールな動画によっても拡散されていった。ユーチューバーに憧れる若者の増加に合わせて動画編集のスクールが多く開校されたが、それと同じように、ＩＳＩＳは動画編集などのスキルをオンラインで提供した。そうやって高められた動画のスキルは、支持者や戦闘員の獲得だけでなく、欧米の社会に対して強い恐怖を与えるためにも最大限に活用された。

２０１４年８月、ＩＳＩＳはシリアで拉致していたアメリカ人ジャーナリスト、ジェームズ・フォーリーを斬首によって殺害した。ＩＳＩＳが公開した動画では、被害者はグアンタナモ収容所の拘束者に似たオレンジ色の服を着せられていたが、これはアメリカに対する報復であるとのメッセージであろう。そして、斬首行為を行った全身黒ずくめの殺人鬼（上述のジュネイド・フセインとは別人で、仲間内では通称「ジョン」）は「このアメリカ市民の命はオバマ［米大統領］の次の決断にかかっている」とイギリスなまりの流暢な英語で話したため、人々に一層衝撃を与えた。

言語学の専門家などによると、彼の母音の発音にはロンドンを含むイングランド南東部の出身者の特徴があり、アクセントにはペルシャ語の影響が認められた[14]。つまり出自は中東でも、イギリスで生まれ育った若者だと即座に特定されたのだ。

動画を見た多くの西欧人は、自爆テロを行うのは遠くの場所に住む野蛮な奴らという思い込みが裏切られ、自分たちの住む同じエリアからこのような殺人鬼が出現したことに恐怖をいだいた。[15]

そのうえ、動画の編集も巧妙なものだった。それまでの斬首動画と異なり、ナイフで被害者の喉をかき切る直前で画面が暗転するように編集されていたのである。ＩＳＩＳが〝その瞬間〟をカットしたのは、ネットでの拡散を意識したものと想定される。あまりに残虐だと人は直視できず、報道機関も放映を躊躇する。だが〝寸止め〟で強烈な恐怖を感じさせるに十分なこの動画は、世界中で大量に拡散されリピートされた。まさに、奇術師フーディーニの言う「人は他人の死を見たがらないが、現場にはいたがる」の21世紀版だった。

１つだけフーディーニの時代と異なっていたのは、木戸銭を払って見に行かずとも、すでに「現場」は圧倒的に多くの人々の手の中のスマホにあり、それを指先１つでいとも簡単に拡散できることだった。

さて、このようなＩＳＩＳのサイバー戦略を大元で率いていた先述のジュネイド・フセインも、２０１５年８月、シリアのラッカで、米軍によるドローン攻撃で死亡した。深夜のネットカフェにいたところ、イギリスの情報機関が張った網に引っかかり、位置を割り出されて、ピンポイント爆撃を受けたのである。

わずか21歳で爆殺されたフセインだったが、彼のスキームはそのテロ組織に引き継がれた。ＩＳＩＳはその支配地域以外でのテロ行為を煽るメッセージを発信し続け、欧米では影響を受けた者によるテロが頻発。西側諸国の人々を中心に恐怖心を植えつけることに成功したのである。

テロ事件のタイプも変化した。それまで、ＩＳＩＳによる欧米でのテロ事件は、１３０人が殺害された２０１５年11月の「パリ攻撃」のように、数カ月前からの訓練を経た計画的なものであったが、これ以降は単独での「ローンウルフ（一匹狼）」型テロを推奨するようになった。フランスのニース（86人死亡）、ドイツのベルリン（12人死亡）、イギリスのマンチェスター（22人死亡）などは、ＩＳＩＳのイデオロギーに触発された個人もしくは少人数のグループが、ＩＳＩＳの直接指導や支援「抜きで」行ったテロだった。

しかも、かつてのジュネイド・フセインがそうであったように、その国で育った移民出身者たちが過激思想に共鳴して起こした「ホームグロウン（自国育ち）」型テロであったため、受入れ国民に与えた精神的なダメージも大きかった。他方ＩＳＩＳにとっては、計画が露呈した際の被害も僅少なうえ、低コストで効率的だ。ネットの影響力ゆえに可能な、新しいタイプの戦い方であった。

だが、そのあまりに強い脅威が広く認識されたため、ＳＮＳを含めたＩＳＩＳの活動に対して、国際的な監視と規制が強化された結果、２０１７年にはイラク軍と米軍を中心とした有志連合軍によって、ＩＳＩＳはイラクから一掃された。とはいえ、その間にもＩＳＩＳと系列組織は世界中に散らばり、インターネットという地下茎を通じて、今日なお一定の影響力を維持している。

このように、２０１０年代以降はＳＮＳが戦争における情報の最前線となった。それは、ＩＳＩＳのような持たざる軍隊だけにとどまらない。ロシアはウクライナ侵攻以前から、大量の偽ニュースサイトやＳＮＳアカウントを作成し、自国に有利な偽情報を流し続けた。その一方で、ウクライナ侵攻以降は、ロシア国内からFacebookやTwitter、海外メディアのサイトへのアクセスを遮断し、情報統制を行っている。

また、中国は台湾に対して、ネットを通じて世論が自国に有利になるよう様々な工作を仕掛けている。そうした動きは台湾有事の際に強い影響力を持つアメリカにも及ぶ。マイクロソフトの脅威分析センター（ＭＴＡＣ）は、中国系のＳＮＳアカウントがアメリカの有権者になりすまして、政治問題に関する情報を収集していると指摘している。[16]

このようにネットを通じて敵国や第三国の国民に影響を与え、自国に有利になるよう世論を操作する戦争の形態を、「認知戦」と呼ぶ。旧来の情報戦は、敵国中枢の特定の人物（政治家や軍人など）に直接的に働きかけるか、もしくはメディアなどを通じて間接的に敵国民に働きかけるものであった。しかし、SNS以降の認知戦では相手国民の認知領域、すなわち、人々の脳に直接的に働きかけ、精神状態や思考、行動を操作する。第二次世界大戦では、米軍が日本軍の兵士に対して戦意の喪失を狙うビラを空からまくなど、情報戦の一部に認知戦は含まれていた。だが今日のサイバー空間では、空からのビラまきとは比べ物にならない圧倒的なカバー率とピンポイントの正確さで、各個人にアクセスできる。

情報セキュリティーの専門家である名和利男は、情報戦と認知戦の関係について、「サイバー空間を使った情報戦は、その後に来る行動変容の効果が出やすくなり、人をうまく動かすことができるようになったことから、元々情報戦の一部であった認知戦が、逆に情報戦を含むようになった」と解説する。[17]

サイバー空間で効果が出やすいのは、より個人の特性にピッタリ合わせた情報を送れるからだ。しかも、陰謀論の事例が雄弁に示すように、事実でなくても影響力さえ行使できればそれで十分なのだ。

認知戦では、人々が自身の信念に沿った情報を信じ、それに合致しない情報は軽視あるいは無視する「確証バイアス」など、脳の脆弱性が利用される。そのため、画一的に広く万人に対して行われるプロパガンダよりも効果が高い。しかも、必ずしも自国の正当性を信じさせる必要はない。虚偽であっても、むしろ敵国の非道さを示す情報を大量に流通させ、「何が真実か分からない」状態に陥れたり、核戦争につながる恐怖を煽るなどして敵国民の厭戦《えんせん》気分を醸成することさえできれば、自国への侵攻や攻撃を断念させ、そのターゲットを変えさせることも可能となる。

2022年に開始されたウクライナ侵攻でロシアが行っている認知戦は、そのようなものだ。他方、公平を期して言えば、ウクライナ及び西側諸国も、ロシアに対する反撃を促進する目的に沿って編集された虚偽を含むニュースを発信している。記憶に新しいところでは、今世紀初頭のアメリカでは、サダム・フセインのイラクが大量破壊兵器を隠し持っているという虚偽情報を流布し、それをもとにイラクに侵攻した前例もあった。

認知戦は、現在進行形の戦争の形であり、有権者を通じて政治に影響を与える「民主主義のハック」とも言えよう。つまり、民主主義国家であるほど、そうした特性が弱点となる可能性を否定しきれない。

この点では、ネットを厳しく規制できる専制国家は、他国からの干渉には強い。ただし、自由や民主主義を制限している分、ガス抜きが普段からなされず、国民の不満が暴発したときに制御不能になる可能性は残る。現下の中国を見ても、政府への不満をアメリカや日本などを含む諸外国に対して向けているが、いったん焚きつけた対外強硬論や一部の特定国に対する主戦論などを臨機応変に抑えるのに苦慮しているようにも映る。

いずれにせよ、政治体制の違いを超えて、今日地球上を覆うネット空間の抗い難いリスクについては、看過し得ないステージに達してから久しい。しかも、今ヒタヒタと足音を忍ばせながら増殖し続ける認知戦は、生成AIの活用に伴う影響力の拡張と相まって、あらゆる予断抜きでコントロール不能の僻地へとわれわれを追いやりつつあるのではないか。

これは始まりにすぎない

ネットビジネスによる、もしくはそれを活用した認知のコントロールは、テクノロジーの進化によって加速していく。大きくは2つの方向性で進むだろう。1つは「収集される情報の量と質」の変化、もう1つは「個人対応」の変化だ。

前者の「収集される情報の量と質」の変化は、IoTデバイスによってもたらされる。最初にインターネットに接続されたのはコンピューターで、パソコンが普及し、そのモバイル版としてスマートフォンが普及したが、今や家電やウェアラブルデバイス、産業機器や監視カメラ、ドローン、自動運転自動車など、ありとあらゆるデバイスがインターネットに接続されている。

これらのデバイスや潮流はIoT、日本語訳では「モノのインターネット」と呼ばれ、パソコンやスマホといった情報機器を介さずとも、より深く物理的なデータを収集する。センサーを搭載し、排泄物から体調管理ができるトイレもすでに開発されているのだ。意識的に操作するスマートフォンに比べて、格段に多くの個人情報が収集可能になる。眼鏡のように装着し、現実にデジタル情報を重ねて表示するARグラスが普及するようになれば、どこにいて、何を見ているか、どう反応したか、起きている間のすべてを記録できるようになる。

自分が意識していない無意識の領域の情報もデータ化される。すでに普及しているスマートウォッチは、心拍数や心電図、血圧、血糖値、血中酸素濃度、ストレスレベル、睡眠の質を計測可能だ。今後は脳に接続して思考を読み取ってデジタルデータ化するブレイン・マシン・インターフェース（ＢＭＩ）が実用化され、これもインターネットに接続されるようになるだろう。

これらの物理的には人生のすべてと言っていいほどの個人情報がどう扱われるか。ネットビジネスのプライバシーポリシーを注視しなければ、究極の監視体制が生まれかねない。もう1つの「個人対応」の変化とは、ＡＩによるパーソナライゼーションだ。ＡＩは多くの個人情報をもとに、その人にのみピンポイントで影響を及ぼす、より精緻な対応を可能にする。「○○に興味がありそうだから○○の情報を見せる」といった、これまでの類型化された対応ではなく、家族や親しい友人のように、その人全体を理解して話しかけてくる。それにより、個人情報の収集はさらに容易になる。実際、ＡＩを活用したカウンセリングサービスでは、親や教師といった近しい人には決して明かさない情報も打ち明ける傾向が見られている。

ＡＩへの依存はすでに始まりつつある。例えば、現在もビジネスシーンで多く使われるメールだ。膨大な量のメールが日々送られ、しかも冒頭の挨拶文など古いしきたりが残り、その処理に頭を悩ませている人は多いだろう。それを解消しようと、ＡＩによる要約機能や、ＡＩが返信の文章を生成し提案する機能が実装されつつある。当然、メールの内容はＡＩがすべて見たうえで解析するわけだが、最初こそ何らかの薄気味悪さを感じたとしても、毎日の膨大なメール処理が効率化できるなら、多くの人は許容するだろう。

そして、ＡＩが最もユーザー自身を理解し始めるようになると、まるで先祖代々に仕える執事のような存在に転じる。過去のデータからの推測だけではなく、瞬間瞬間に発生する思考や感情もＡＩは理解できるからだ。米テレビドラマシリーズ『ライ・トゥ・ミー』（２００９〜11年）は、ティム・ロス演じる主人公のカル・ライトマン博士が、人の嘘を見抜く能力で犯罪捜査に協力し、事件を解決するストーリーだ。ライトマン博士は、それらの感情を読み取るために、一瞬だけ顔に表れては消える「微表情」や無意識の仕草を見逃さない。

微表情の存在を発見し、ドラマの主人公のモデルになったのが、心理学者のポール・エクマンだ。彼は、１９７０年代に怒りや嫌悪、恐れ、喜び、悲しみなどの表情は文化に依存せず、全人類に共通していると明らかにしたことでも知られる。

微表情の特徴は、本人が意識してつくれず、抑制された感情でも顔に出てしまうことだ。意識してつくる表情に対して、微表情が表出する時間はかなり短い（多くは０・２秒以内)。それゆえ、微表情によって嘘が見破れるというわけである。

AIのテクノロジーは、この微表情をも含む感情分析を可能にする。眼鏡型のデバイスをかければ、顧客が商品を買ってくれそうか、目の前にいる人が自分に対して恋愛感情があるか、クレームを言う客が暴力に及びそうか、などが分かるようになるだろう。

感情分析の技術は、自分自身に対しても使用可能だ。意識していないストレスを検知するスマートウォッチのように、自分自身の感情を記録し、メンタルヘルスに役立てられる。すでにメタバース(仮想空間)では、自分の表情をアバターに反映させるためにカメラで目や眉毛、口などの動きをトラッキングする仕組みがあり、実用化もそう遠くないと考えられる。

こうして、AIはユーザー自身よりも深く自己を理解する存在になる。その先には、この仕事は自分に向いているのだろうか、恋人のことを本当に好きなのだろうかなど、あらゆる局面でAIに判断を任せるようになるだろう。こうした依存は、人類をどこに向かわせるのだろうか?

さらに、全人格ひいては全人生をテクノロジーに委ねていくと、事件や事故が起こった際のダメージは計り知れない。意図しないプライバシーの公開や監視といったレベルにとどまらず、心を完全に把握されてしまえば、洗脳のように簡単に操作されるリスクが格段に高まるからだ。ほどなく、現在のネットビジネスの個人情報の取り扱いなどが、牧歌的に思える時代がやってくるのかもしれない。

こうしたネットビジネスや悪意ある勢力による認知操作に対して、果たして人類は無力なのだろうか？　SF的なディストピア（反理想郷）も想像されるが、無論、なすすべがないわけではない。

というのも、自己防衛は、相手を知ることから始まるからだ。すでに説明した通り、ネットビジネスは収益を最大化するために、ユーザーの認知を操作してきた。「扇動的なタイトルのニュース記事を開いて見てしまった」「SNSで流れてきた動画で恐怖や怒りの感情を覚えた」といった経験は誰にでもあるだろうが、こうした罠、〝タネと仕掛け〟に気づくことで、徐々にではあっても回避できるようになる。

優秀な詐欺師ほど、騙せる相手かどうかをすばやく見極め、カモではないと判断すれば深追いをしてこないように、アルゴリズムに反応しないこと自体をアルゴリズムは学習する。SNSの陰謀論的なコンテンツを読まなければ、興味がないものとして表示される頻度が下がっていく。ネットニュースやネット広告もしかりだ。インターネットは、ユーザー自身の「映し鏡」の性格を持つ。法的な規制に加えて、個人の民度を上げることで、ネットに映し出される風景は、徐々にではあっても変化していく。

古代ローマ時代の剣闘士の試合を止めようとした修道士が観客によって殺されたエピソードを紹介した。剣闘士興業は、3世紀後半以降、競技性よりも残酷ショーの傾向を強め、人々が剣闘士を不道徳だと認識するようになったことで衰退の道をたどった[18]。こうしたユーザーの意識の変化こそが、長期的には、法律以上に現実に変化を与えることになるだろう。

多くの個人がインターネットやスマートフォンから受ける最もシリアスな弊害の1つは、単純な使いすぎによる時間やエネルギーの膨大な浪費だと想定してもおかしくはない。この傾向は、ネットビジネスを規制したとしても、完全にはなくならない。

依存性が高いという点では、一定の制限が課されつつも嗜好品として社会に認められている、飲酒や喫煙、ギャンブルに近い存在かもしれない。スマートフォンは飲酒などより実利的なメリットが多いために年齢や文化に関係なく普及し、常に手元にあることもあって、その弊害は大小あれど万人に関わってくる。

とはいえ、飲酒とスマートフォン利用には、一時の高揚感やコミュニケーションの円滑化といった共通の効用がある。

アルコールは直接的に脳に影響を与える薬物だが、日本をはじめ多くの国で飲酒は認められ、大多数の人々は人生を破綻させることなく楽しんでいる。ただし、飲酒は1000年単位の長い期間を経て形成された文化であり、一定のルールが存在している。

他方、ネットやスマホは登場からの歴史が浅すぎるため、適切な距離感や使い方がまだ文化として成立していない。朝から酒を飲んで酩酊している人が普通ではないとされるように、朝起きたときから寝る直前までスマホを触り続ける状態は、いずれ非常識な習慣と見なされるようになるかもしれない。

現時点で急務なのは、子どもの使用に関するルール設定である。脳が発達段階にあり、判断能力に欠ける子どもには、飲酒や喫煙などと同様、使用にある程度の制限をかけることが望ましいと想定される。脳に与える長期的な影響がまだよく分からないので、慎重になってしかるべきだ。スティーブ・ジョブズやビル・ゲイツは、自分の子どもにはデジタル機器に触れる時間を厳しく制限していた。ジョブズはiPadを自分の子どもに使わせていなかったし、ゲイツは子どもが14歳になるまで携帯電話を持たせず、夕食のときには取り上げていた[19]。デジタル革命の先駆者ほど、そのリスクを認識していたのである。

終章

人類〝抜きの〟未来

原材料としての人間さえ要らなくなる？

インターネット社会のもたらした21世紀の地殻変動とその危惧される局面を論じた本書の知的探究の旅も、終わりに近づいてきた。

語るべきこと、より深く知らねばならないことは多く、われわれの人生は短い。だが、万人にとって真に意味のある普遍的な課題というと、相当限られてこよう。この最終章では、そうした問題意識のもとで、次のように的を絞って考察を進める。すなわち、データの源としての「原材料階級」は、ＡＩとその関連技術の激烈な進化に伴い、そう遠くない将来、もはや要らなくなってしまうかもしれないというディストピア的な近未来像についてである。

　そのような未来は、いったい誰のために存続するのか？　主人として生き残るスーパーＡＩのためなのか？　それとも、〝無用の長物〟として残存する近未来の人類のためなのか？　あるいは、そうした二者択一ではない、別次元の考え方があり得るのだろうか？

　このような問いかけ自体、ある意味、人を身震いさせるかもしれないが、驚くほどリアリティーのある将来像をわれわれに覗《のぞ》かせてくれる可能性がある。

　というのも、今この瞬間にも、人類の叡智と記憶力を超越しつつあるＡＩが、すでに十二分な質と量のデータを蓄積してしまった暁には、理論的に、もはやわれわれは必要なくなり、用済みとなってしまうという荒涼とした未来像が浮かんでくるからだ。そして、その際には、ヒト〝抜きの〟人間像といった、奇妙なコンセプトが新たなキーワードとして巣くう可能性すらある。

　これまで、過酷な実験や労働環境などで、チンパンジーやヒトを搾取するのは可哀想だと考える人は結構いたかもしれない。だが、ＡＩが現在よりもはるかに優れた能力を獲得し、それ以降はヒトの手助けが要らなくなるどころか、むしろ邪魔になってしまった瞬間から、もはやチンパンジーも人類も、それ以上利用し搾取する価値さえ失ってしまう。つまり、その時点で、サルもヒトも〝失効〟してしまうのだ。

繰り返すが、そうした変化は、一体全体、誰のためなのか？　人類に代わって新たに主人となるスーパーＡＩのためなのか？　それとも、〝無用の長物〟となってしまった後もしぶとく生き残るであろう、人類とその子孫のためなのか？　そして、いずれにせよ究極的には、果たして誰が〝真の主人〟として、永く生きながらえることができ、またそれに値するのだろうか？

さらに、本当にＡＩが人類の能力を超越してしまったら、その瞬間から、もはや歴史的役割を終えることになるザッカーバーグやビル・ゲイツは、単に〝象徴としての天皇〟のような歴史的地位を新たに賦与されたうえで、ＡＩの歴史書にその令名をとどめるにすぎなくなるのだろうか？

かつて、封建社会の身分制度のもとでは、人間の属性は〝生まれ〟で決まっていた。つまり、王の子は王、農奴の子は農奴であり、後者は何代にもわたって、王室の礼儀作法や外国の諸事情などとは一生無縁のまま、ひたすら貢納と繁殖活動だけを行っていればよかった。

他方、メリトクラシー（能力主義）が行き渡った現代の多くの民主国家では、ザッカーバーグやサム・アルトマンのように、能力と運に恵まれた人物が成功し大金持ちになれることは周知の事実だ。けれども、〝超知能〟を得たＡＩの出現によって、そうした歴史的に馴染み深い〝従来型の人間のディスティンクション〟、すなわち、能力・優秀さ・意欲・功績・栄誉・運などは、押し並べて無用で無価値となり、その実、どうでもよくなってしまう可能性すら出てくる。

すでに部分的には、そうなりつつある近未来を予兆させる活動領域がある。例えば、株式取引もその１つだろう。秒速単位やそれ以下でなされる先取的な株式取引は早晩ＡＩの独壇場となり、つい昨日まで重宝がられ、英雄視されていたウォール街の天才相場師やビジネスリーダーらの知識もノウハウも陳腐化し、その歴史的役割を終えて、表舞台から去っていくだろうというのが大方の理論的な見方だ。

そうした人間〝抜きで〟展開される、来たるべき〝近未来の成功物語〟は、〝神格化の終焉〟を決定的にもたらすだろうと想定される。というのも、成功は、もともとは人類が自ら創出したはずの〝ヒト以外の〟何ものかによって一定の確率でもたらされるようになり、そうした傾向はますます強まっていくからだ。その帰結として、ジョブズやゲイツといった天才的創業者とその生々しい人間関係に依存し、そうした人間くさい側面こそが成功の決定因子として大いにもてはやされた、つい昨日までの成功物語でさえ、〝中世のおとぎ話〟にしか聞こえなくなっても、まったく不思議はない。

21世紀初頭から開始されたこのような地殻変動は、今後も一層、人類の対応能力を試すかのように圧倒的なスピードで、われわれの決断と問題解決を迫る新たなテーマを突きつけてくるであろう。

神を克服、でも家畜化?
――「設計図」としての宇宙へ

ＡＩはウイルスに似ている。なぜなら、ＡＩには、生物なのか非生物なのか明確には特定し難い側面があるからだ。

OpenAIであれ、それを追い越すことを目指す他のＡＩであれ、ちょうど本物のウイルス同士の争いのように、相互間の熾烈な競争が激化するであろう。そして、ＡＩの存立要件は、自らのデータベースが競争に勝ち残り、業界標準になることによって達成されるため、競争の覇者となったＡＩのデータは永く生きながらえ、広範に使われ続けることだろう。

そのような在り方は、宇宙におけるより根源的で真正な存在の仕方に、より近接していると想定することも不可能ではない。つまり、その存立様式自体は、個々の生命体に比べて物質的な制約条件によって左右されることが少なく、よりシンプルで純粋だからだ。

これに比較すると、人間をはじめとするあらゆる自然界の生命体は、個体として必ず滅び去るため、その個々にコミットすることは自然の摂理に反し、むしろ不自然であるとさえ想定できる。対照的に、ＡＩはそういった特異性の軛《くびき》とは無縁であり、最初から原理的に解放されている。

こうしたヒト特有の根源的な脆弱性を回避し補強する方途は、主に2種類しかない。1つは遺伝子を根底に据える生物学的なアプローチであり、もう1つは哲学的なアプローチである。

第1の生物学的なアプローチでは、存在の本質を、肉体的存在として個別に特定される生命体ではなく、例えば、人間という存在も、煎じ詰めれば実はＤＮＡ上に書き込まれたデータベースの一種であると捉え直す。つまり、個別の生命体そのものというよりも、そうした〝存在様式のコード化〟こそが重要なのであり、このようなメカニズムそのものを把握し理解することによって、ヒトという種族全体の存続の仕方も、個々の遺伝子の組み合わせを参照しつつ、完全に理解することが可能となるのである。そうしたアプローチの古典的な起源は、約2500年前のインドの宇宙論にあると目される。

第2の哲学的なアプローチは、一定期間の後に必ず消滅する個々の人間の命よりも、彼らが生存中に産み出した思想や情動の動きを言わば恒久的に記銘し、時代を超えて他者に広く伝播する媒体にまで昇華した、哲学や文学や芸術の各作品を通して実現される。

これらの作者は個人としては必ず滅び去るが、そのこと自体、つまり、彼らのはかない物理的な存在自体は、まったく重要ではない。肝要なことは、傑出した作者が残す古典的作品は優れた思想や情動の〝伝播の設計図〟そのものであり、これは物質であって物質でないという点で、ウイルスそのものになぞらえることも可能であろう。

プラトン、ソフォクレス、シェイクスピアらの古典的な作品が、何千年、何百年経ってもなお、読者や観客の魂を奥底から激しく揺さぶり、雷に打たれたような深い感銘と覚醒を与え続けているのはなぜか？　それは、彼らの作品のなかにはみごとなばかりに研ぎ澄まされた極上の「設計図」が織り込まれ、その書を紐解き、あるいは劇場に足を踏み入れた瞬間から、人の心を捉えて離さない圧倒的な凄みとキラメキを放出しているからに他ならない。その神髄は、優れた〝設計図の伝播〟にあるのだ。

このように考えてくると、ある1つの仮説的なアイデアにたどり着く。それはつまり、ちょうどある哲学者や芸術家の肉体を含む個人的な属性が、その死によって完膚なきまでに失われたとしても、後に残された作品群が傑出したものである限り、彼らの残した「設計図」として後世に伝えられ影響を及ぼし続けていくのと同じように、変転やまないこの宇宙の本質もまた、地球や冥王星や、その他、無数にある特定の星そのものといった〝うたかたの存在〟ではなく、実は、常に撹乱されて揺れ動くそうした現象面の背後に厳存する、宇宙の秘蹟を顕すあるもの、すなわち、その生成から、爆発的な膨張、さらに消滅に至るまでの運動原理そのものを記銘した普遍的な「設計図」なのかもしれないということだ。さらに、その設計図自体も、時間の進展とともに、天文学的な頻度でバージョンアップと改廃の自己生成を繰り返し、常に変転していると想定される。

ＡＩ自体は、人類の継続そのものには、その個別的な対応も含めて、本質的な関心を示さないだろう。なぜなら、ＡＩが直接関与する活動領域は、自らのデータベースの維持と拡大のみであるからだ。この意味で、ＡＩは、リチャード・ドーキンスが著書（『利己的な遺伝子』１９７６年）で鮮やかに描出した生物学における「利己的な遺伝子」に似て、ある意味で瓜2つであり、その属性の類似性が増せば増すほど、より生命の本質に接近していく可能性が高い。

さらに、そうした論理の延長線上には、ありうべき進化形態として、AIのAI、ひいてはAIのAIのAIなどが生み出され、そうした自己増殖のモメンタムがまったく無秩序に展開する、いわば荒廃した自動化の原風景が支配的になっている可能性さえ否定できない。

さらに大胆かつ巨視的に仮想的な時間を先に進めると、H・G・ウェルズの『タイムマシン』（1895年）ですら予見し得なかった、ある1つの未来像さえも浮かび上がってくるかもしれない。

ウェルズの古典的なSF小説では、地上でハッピー・ハッピーに暮らす幼児化した人類が、夜な夜な地下から現れては地上の彼らを食肉する食人種族によって脅かされるという、80万年先の地球が描かれていたが、より慄然とさせる未来の風景もあり得るのだ。しかも、19世紀末の予測よりもずっと早く……。

例えば仮に、そう遠くない将来、人類以外の高等生物が何らかの手段によって地球外の宇宙空間からこの地球を観察してみたとしよう。すると、そこにはもはやヒトらしい生命体の姿がほとんど認められず、そのため、かまびすしい人類の悲観や楽観の一切合財も消滅しており、そうしたややこしい要素とは無関係に、新たに発生し増長した器物的関係のみが跋扈する〝仕組み〟が現出している。そして、それでもなお、あるいは、それだからこそ、新たに登場した〝器物的な仕組み〟にもとづいて、より整然と物事が起こりつつある日常が認められるのかもしれないのだ。つまり、そうした事情は、この地球上における人類〝抜きの〟未来の原風景を彷彿とさせる1つの可能性を示唆する。

われわれ人類の歴史は、誤謬《ごびゅう》と失敗、訂正と再興、絶滅と忘却、そして良くも悪くも、思いがけない出来事の連鎖に満ちあふれている。

約60年前、アメリカの生物学者で環境保護運動家のレイチェル・カーソンが、著書『沈黙の春』（1962年）で5大湖周辺をはじめとする深刻な農薬公害像を描出し、鳥やヒトなど生命体への甚大な悪影響を訴えて、このまま何もしないと生命体を育む地球環境の終焉をさえ迎えると示唆した。その論述は、当時のケネディ大統領をはじめ多くの識者らに衝撃を与えた。

だが、その直後から始まった各国における公害規制の立法化や一般市民の行動変化によって、60年余りを経た今日、この問題は先世紀に比べかなりコントロール下にあると考えられる。

では、これと同じような軌道修正がインターネットとAIの脅威に対しても可能だろうか？　答えは、遺憾ながら、純真爛漫なイエスから限りなく遠い地点にあると言えるだろう。なぜなら、この新たな問題の対象は、自然や汚染因子といった物質そのものではなく、本書で系統立てて論じたように、フィルターバブルとキャンセルカルチャーに溺れ、すぐ炎上し、広がりによって狭められ、簡単にマインドフ＊ックされて、思いがけない投票行動に踊らされるばかりの、55億人のネットユーザーの「心」にあるからだ。

そして、その半面、少数の操作者にとっては、そうした人類の3分の2を占めるネットユーザーは至極使い勝手のいい〝原材料〟に仕立て上げられ、日々ネットにつながっているだけで、一方的に、天文学的な利益を吸い取られるだけの存在と化している。

物理的な反応と比べて、心理的な操作はより複雑なケースが多いが、本書で検討したように「マイクロターゲティング」や「サイコメトリックス分析」などの技術的発展に伴い、ごく限られた属性データから正確無比にターゲットパーソンのプロファイリングが可能となった結果、ヒトの〝心の操作〟も容易となった。

しかし、これまでの経験的証拠が示すように、そうした新技術の応用とその利得は、例えば、ＥＵ離脱に関するイギリスの国民投票や米大統領選挙といった、特定の政治家や政治団体等に雇われた一部の専門業者などによって、独占的に奪取される傾向が強い。

われわれは実に難しい時代に生きていると言わざるを得ない。だが、それでも日々の生活時間は進み、ますますインターネットとＡＩがもたらす新たな脅威と利便性に取り込まれつつ、人々はそれぞれの考え方と対処法を何とか案出しながら生き延びていく以外の選択肢はないだろう。そのような厳しい環境下で、われわれは自らを鼓舞しつつも、自戒の念を込めてこう言わざるを得ない。「幸運を祈る」と。

エピローグ

ヒトの器物化を超えて

最後に、近年のスマホ動画の秀作を紹介しよう。一見、ふんわりと創られたように映る小品だが、実はここまで扱ってきた深刻な諸テーマと、根深いところで関わり合っているからだ。

2023年5月に、上田慎一郎監督によるわずか2分40秒の「スマホ動画」作品『レンタル部下』は、第76回カンヌ国際映画祭の「#TikTokShortFilm コンペティション」部門でグランプリを受賞した。[1] 一部の業界通を除くと、国内外で決して広く知られる存在ではなかったこのタテ画面のショートショートだったが、ある意味、黒澤明監督『羅生門』(1950年)のヴェネツィア国際映画祭金獅子賞受賞(1951年)を彷彿とさせる衝撃を国際的に与えた。

ズバ抜けた才覚の上田監督によって、超ショート作品のなかに、〝原材料化〟した現代日本人の人間関係の〝闇深さ〟を、小気味よく映し出す『レンタル部下』は、数十秒ごとに、観る者の意表を突き、幾度も何重にも裏切る形で、次のように展開する。

ふんわり感のある男性の上司から叱られる女性の部下。脇には、秒を刻むタイマーがある。その終了ベルが鳴った瞬間、女性は金額を計算し、男性は支払う。2人は本物の上司と部下ではなく、部下は〝レンタル〟だったのだ。男は、芝居抜きであと10分だけとお茶に誘うが、女は次の指名が入っているからと断る。

ほどなく街頭で、同じ女は、その上司役の男が販促のティッシュ配りをしているところに遭遇。互いに相手に気づくも、ティッシュの授受だけで女は去る。

パッと画面は変わり、女のアパートらしい部屋のソファーで、もう1人の〝女友達〟と、元レンタル上司をサカナに、笑い転げるシーン。「キモ〜ッ!」「闇ふか〜〜ッ!」と話が盛り上がった瞬間、机上のスマホが鳴る。

空気は一変し、〝女友達〟は料金を計算し請求。彼女もまた、元レンタル部下が雇った〝レンタルフレンド〟だったのだ。

用済みとなった〝元顧客〟は、急にひどく落ち込む。そして、先ほど路上で、自分の〝レンタル上司〟だったあの男から受け取った販促ティッシュを手に取り、淋しげに眺める。


街頭のラストシーン。ティッシュを配るあの男がいる。そこへ彼の〝元レンタル部下〟が現れる。躊躇しつつも、彼女は男に近づき、再びティッシュを受け取る。そして、女の再訪にどぎまぎする彼に、はっきりと言う。


「お茶します?」

「エッ? アッ、はあ……給料日前で、あんまり、お金ないんすよ……」

「いや、普通に……割り勘で」

「エッ?」

ここで初めて2人が、1対1の個人として、真摯に見つめ合うシーンで、終了。

1960年代のポップス曲と同じく、たった3分以内の小品である。だが、このスマホ動画は、2020年代の世相と病巣における人間関係の闇を鋭利に暴き出し、人間の深層心理を突く。そして、観る者を思わずのめり込ませる。

上田監督自身がインタビューで語っているように、このような超ショート動画でも、きちんと起承転結があるうえに、登場人物が変化・成長し、物語の後にも、救済の含みを残して創られている。[2]

つまり、「出口」が与えられているのだ。そして、入れ子状にテンポよく畳みかける反転と暴露、拡散感染のスピード感、驚きに満ちたカタルシス。どれを取っても、第1級の芸術作品の凄みがある。これこそプロの技だ。

だが、真の問題はより根深いところにあろう。

カネによる〝時間買い〟で、そうでなければ〝見知らぬ他人で済んだはずの若い女〟をレンタル部下として雇い上げ、さらに〝芝居抜きで〟あと10分間の〝お付き合い〟を追い求めようとした男性客。

その奇っ怪な体験を、今度は自分が〝時間買い〟で雇った〝聞き役〟の女とシェアしている真っ最中に〝時間切れ〟となり、今しがた笑い飛ばしたばかりのその男性客とまったく同じ悲哀を味わう羽目に陥った〝元レンタル部下〟。

そうした満たされぬ鬱々《うつうつ》とした感情を真正面からぶつけてその解決でも探るかのように、彼女自身が再び、ティッシュを配るその男の前に舞い戻り、今度は「割り勘で」と男をお茶に誘う。つまり、今度ばかりは、互いにバイトでも業務でもなく、1対1の個人として、大人として、人間として、知り合い、その行く末にも相互にコミットする用意があるんだ、とここで初めて明確な意思表示がなされたのである。

＊

時代を反映するドラマの名作や人気作品は、数十年ごとに生まれてきた。例えば、NHK朝の連続テレビ小説では、『おはなはん』（1966〜67年）、『おしん』（1983〜84年）、『あまちゃん』（2013年）などだ。

だが21世紀の今日、半年から1年の連ドラを毎回すべて観ていられるほど時間に余裕のある人は、極めて稀だろう。カンヌ映画祭の #TikTokShortFilm 部門の創設は、そうした時代の要請を反映している。

そして、本書との関連で言えば、次のことが最も重要だ。つまり、『レンタル部下』のリアルな続編を演じるのは、今まさにこの一瞬一瞬を生きているあなた自身であり、その家族であり、職場や学校の知人や友人たちなのだということである。

経験則的に、ほぼ確実に次のことが言える。つまり、各人がその意志を貫き、あるいは活かしながら、自分らしい人生のひとときを過ごせる時間は、思いのほか少なく、極めて限定的なものでしかない。それでも、時間は一向に歩みを止めず、あなた自身の人生も否応なく続いてゆく。[3]

そう、太古の昔から、世の中は決してたやすいものでないことぐらいはよく知られていた。とはいえ、シラミつぶしに否応なく〝人類の原材料化〟が進行しつつある現下のネット万能社会において、成功裡に日常を歩み続ける困難さは加速度的に増していると想定しても、決して誤りではないだろう。

果たしてその先に何が待ち受けているのか？　１００％確実なことは誰も予知できないし、知る由もない。なぜなら、そうしたことどものすべてを、実用上十分に予知するに足るテクノロジーも道具立ても、決定的に欠けているからだ。だが、多少なりとも、より賢い対処法を企図して、事前に何をどの程度まで理解し、いかなる準備を進めておくべきか、そうした知識と行動の領域やノウハウについては、ある程度まで、有用な見極めぐらいはつくだろう。本書の重要な役割の1つは、そうした探索的な作業に際して、有用な手助けを供給することであった。

＊

鉄道が普及し始めた1870年代のロシア。トルストイの『アンナ・カレーニナ』（1877年）の主人公は、当時まだ斬新だった轢死《れきし》による自殺を遂げる。作家は実際に起こった轢死事件に衝撃を受け、彼の代表作の1つに転用したのだった。それから実に多くの時間が流れ去った。

本書の第I部で論じたように、21世紀のネット社会では、SNSの広範な浸透に伴って、エコーチェンバー現象、フィルターバブル、マインド・フ＊ックなどによる人々の分断と孤立化が進んだ。その結果、これまでなかった社会的圧力によって自殺に追い込まれる若者が増え続けており、収拾の気配すらない。視角を変えれば、人類は否応なく、まったく馴染みのない岐路にまで連行され、立ちすくんでいるように見える。

さて、この未曽有のおどろおどろしい新たな手探りの旅は、発車ベルも鳴らず、人々の準備も不釣り合いに不足したまま、すでに始まってしまっているようだ。

あとがきと謝辞

本書はITテクノロジーそのものを扱った書物ではなかった。そうではなく、むしろSNS（social networking service：英語では通常 social media）があっという間にフロンティアを拓いた現下の目覚ましい功績の背後に潜む、看過できない危険な兆候を、真正面から論じた。そのことによって、ほんの一握りのIT企業家たちによる天文学的な利潤追求のために、ネットを通じて億単位で人心を手なずけ、利用することを容易にした「ステルス性のカラクリ」の本質とリスクを描出し、痛みを伴いつつ、その現代的意義を考究した。

リバタリアニズムと称される自由原理主義は、個人のあらゆる自由を尊重しようとする思想的立場のことである。その語頭に〝テクノ〟を冠した〝テクノリバタリアニズム〟は、自由原理主義をテクノロジーによって実現しようとするアプローチであり、イーロン・マスクやサム・アルトマンらの遠大な構想の思想的バックボーンとなっている。

だが、本書の第2章で論じたように、21世紀を生きるわれわれの間でパンデミックのように蔓延する〝閉じた世界観〟は、SNSという増幅装置を介して、多くの者をエコーチエンバーに幽閉し、フィルターバブルに溺れさせることによって、分断による亀裂を一層深刻化させている。その結果、広がりによって狭められ、出口なしの状況に閉じ込められるという〝逆説的な社会現象〞が、度し難く拡散するのだ。

今、世界を席巻しつつあるアメリカ発の〝陰謀論〞、つまり、ディープステートたる〝闇の政府〞がアメリカの政治を支配し牛耳っているという新たな〝言説〞は、２０１０年代以降、米大統領選ごとに勢いを増しているようだ。

そのメカニズムは、端的に言えば、次のように働く。つまり、日常的に人々が感じ、直面せざるを得ない人生の様々な不条理に対して、何らかの説得力のある理由づけや有効な対抗策が必要だ。しかし、ひと昔前までそのよすがの１つとして社会的な機能を請け負い、一定の役割を果たしていた伝統的な宗教は弱体化してしまった。

そこに、いわば急ごしらえの代用品として、陰謀論が浮上する。かつてのフリーメーソンを彷彿とさせるモメンタムを得ながら、鬱々とした21世紀の多くの人々は、はけ口を求めて陰謀論へと向かい、満たされない人心を吸収する新たな社会運動として、看過できないマスレベルに達している。

加えて、今世紀に入る頃を境に登場し、瞬く間に普及したＳＮＳなどの登場に伴って、人々を取り巻く社会環境は急激にフラット化した。短い期間、そのことは良いことずくめのように考えられたこともあった。だが、ほどなく人々の多くは、実際のところ、上も下も中心も周辺もなく、〝構造も定かでないグジャグジャの世界〞にほったらかしにされたように感じ始め、ただ戸惑い、生きづらささえ覚えるようになった。

1人ひとりが切り離され、出口なしの状態に捨て置かれたと感じる大衆の孤独感。そうした人々の心を癒やすかのように、新たに生き甲斐を感じさせるような攻撃対象を目の前にブラ下げて煽り立てたのが、当時米大統領だったドナルド・トランプが効果的に用いた陰謀論だった。

だが、そうした陰謀論にいったんは取り込まれたものの、思いがけない実体験を契機に、まるで潮がサァーっと引くように、真実に目覚めて自らを取り戻した市民も、一方にはいる。

ハワイ在住の元陰謀論信奉者、アントニオ・ペレスもそうした市民の1人だ。テレビの報道番組のインタビューに応えて、彼は自らの覚醒体験を雄弁に語る。[1]

「ちょうど犬が自分の尻尾を追いかけるように、私は〝真実〞を探し続け、妄想的になっていったのです。そして、私がこれほど無力な存在なのは、自分の外部にある邪悪な勢力のせいだと信じるようになりました」

「きっかけは、2001年9月11日の同時多発テロでした。あの半年後、背後にはイラクとの戦争を正当化しようとする政府の口実づくりの動機が隠されているとする陰謀論に出合ったことで、いたく感銘を受け、強く支持するようになったんです」

「新しいものを見つけたとき、ドーパミンが出てワクワクする感じがありますよね。あれですよ。興奮しました。そして、自分のうつ状態から解放されたんです」

「ところが、目覚めは思いがけないところからやって来ました。あるとき、地元のハワイでバスに乗っていたところ、突然そのバスが通常ルートから外れたんです。不審に思って窓から外を見渡すと、黒いヘリコプターが下降してきました。そこで、すぐさまバスを降りると、街中で武装した集団が展開していたんです」

「そのため、『コレだ! ついに、陰謀論でいう〝政府の暴走〟が始まったんだ!』と感じ、そりゃあ興奮を覚えましたよ」

だが、その直後に、ヘリも車も路上を逃げ惑っていた人たちも、まるで何事もなかったかのように整然と、一斉に現場を去り始め、あっという間に平常に戻ってしまう。驚いたペレスは即座に、今見た〝異変〟のすべてが商業目的のアクション撮影だったことを悟り、愕然とする。

「これが映画の撮影シーンだと気づいたとき初めて、すべてがデタラメだったんだという目覚めへの小さな窓が開かれ、恥ずかしい気持ちで一杯になりました」

「この生々しい体験をきっかけに、長いこと取り憑かれていた陰謀論への思い込みや幻想も、まるで嘘のように消え去り、自身の迷いから目覚めて、陰謀論から全面的に身を引くことになったんですよ」

「陰謀論を信じやすい人は、自分が無力で小さな存在だと感じていたり、思い込みで情報や物事を捉えがちだったりします。自己陶酔が強い人は自分が無二の存在だと感じることが大好きなんです。でも実際は、その多くが自分の無力さを知っているからこそ、力を持ちたいと望むんですよ」

当事者自身の口で語られたこの体験談はまた、ある1つの重い真実を伝えている。つまり、人知れずエコーチェンバーやフィルターバブルでがんじがらめになった状況から、本人自身の覚醒作用によって離脱が可能になるためには、その人の個人的な理解力や分析能力もさることながら、むしろ当人の周辺で発生する偶発的な出来事が必要かもしれないということだ。そして、そうした例外的な出来事の展開というのは、恐らく大多数の人間にとって極めて稀にしか起こらず、あるいは仮に起こったとしても、ほぼ何らの心的痕跡も残さずに消え去ってしまうような、夢のまた夢なのかもしれない。

さらに近年、生成ＡＩの登場によって、まったくのＩＴ音痴でも、工夫次第で巧妙な犯罪行為がいとも簡単にできてしまうことを例証する事件も発生している。一例が、インターネット上で公開されている対話型の生成ＡＩを悪用して、コンピューターウイルスを作成し、不正指令電磁的記録作成容疑で逮捕された男のケースである。[2]

この元工場作業員は、ＡＩに関する特別な知識はまったくなく、ただＡＩを悪用して、楽に生活ができればよいと考えて犯行に及んだと自供した。そのために、不正に回答を得る方法などもネット検索で調べ、ウイルス作成の真の目的を伏せたうえで、複数の対話型生成ＡＩに指示を出して、ファイルの暗号化や身代金要求などに必要なウイルスの設計情報を回答させ、それらを組み合わせて作成したという。生成ＡＩを使ったウイルス作成の摘発は全国初とみられる。

ChatGPTなどでは、マルウェア作成を要求してもそうした情報を供給できない旨が明示された回答が返ってくるが、そうではない一部の業者などでは逆に、〝ハッカー用〟マルウェアなど犯罪目的で作成された商品を積極的に供与することを売りにしているものさえあるというのだ。

ここに挙げたような事例はまだ序の口であり、今後さらに巧妙な手口の新型犯罪が急増していくと想定される。

*

さて最後に、本書が出来上がった経緯について簡単に触れておこう。

もともとこの本の企画は、活きの良いうちに、新書仕様で手っ取り早く出版することを念頭に開始された。だが実際は、その真逆の経路をたどることになった。

発端は、2022年3月に長年の友人である藤本隆宏・早稲田大学教授／東京大学名誉教授の依頼で、彼が所長を務めていた一般社団法人経営研究所で招待講演を行ったことだった。まだコロナ禍の影響が濃厚な時期だったため、私の講演「『監視』ネットビジネスの衝撃」は全面的にオンラインで実施され、関係各位には動画が配信された。そのため、見逃した方々も繰り返し視聴することが可能な形で記録された。

この講演は、一般視聴者を超えて、意想外なインパクトを話者本人にも与え、その後の著作活動に決定的な役割を果たすことになった。

翌月、講演内容を縮約して20名の多様で専門性の異なる知人や友人らに配信し、将来の出版企画の可能性について忌憚のない意見を求めたところ、1週間で17名から返信があり、異口同音に好意的な反応を得た。なかには、まだ構想も固まっておらず、書籍としての全貌も未知の段階だったにもかかわらず、事実上の出版オファーを寄せていただいた著名な学術出版社もあった。

長い話をつづめると、これを契機として短時日のうちに、あたかもジェットコースターに乗せられたかのような驚くべきスピードで、意想外の新展開が折り重なり合いながら進行していった。

まず、それまでに筆者が携わった全著作のなかでも例外的な頻度で、各段階の仕掛かり草稿の一部を、多数の知己に読んでいただき、あらゆるフィードバックを得た。その1つひとつに丁寧に応える形で、多大な時間を労して改善され、増補改訂されて、ようやく最終原稿がまとまる頃には、まるで原形をとどめない別仕様の著作となっていた。

また別の問題もあった。私の職業柄、それまで学術出版に偏っていたこともあり、新書出版界との交流が比較的薄かったことだ。すでに人類の7割が甚大な影響を受けつつある今日のグローバルなネット社会で、われわれ1人ひとりが例外なく直面する〝原材料化する人類〟というテーマを論じる書物が、数百部程度の出版数で終わってしまっては、あまりにも侘しい（笑）。

もっと幅広い現代の読者層に気軽に手に取っていただき、日々のネット生活を考え直す糧として役立てていただくためには、たとえ単行本であっても、比較的廉価で冊数の出る仕様がうってつけだ。そのため、その種の出版物にノウハウのある大手出版社が望ましい……。

このような悩みを抱えていた私は、1980年代にMITとハーバード大に分かれて研究に勤しんでいた当時からの畏友、藤本隆宏先生に再び相談した。彼らしく、たちどころに新書を扱う複数の出版社の候補リストが、優先順位を付して返送されてきた。そして、まず日経BPの堀口祐介氏へのコンタクトを促された。これが最初ではなかったとはいえ、藤本さんにはいくら感謝してもしきれないだろう。

人生は思わぬ展開にあふれている。実はこの堀口さんとは面識があったのだが、先世紀末の話だった。長い話を再びつづめると、14年間に及ぶ海外生活を終えた私が1994年に帰国し、一橋大学に奉職してから1年後、日経・経済図書文化賞を受賞してからほどない頃だった。当時まだ駆け出しの編集者だった堀口さんは、挨拶かたがた、ぜひ次の出版物をお願いしますと言い残して去った。ところが、たまたまそれ以降、互いに多忙を極め、疎遠となっていた。

30年近くが過ぎ、すでに大ベテラン編集者となっておられた堀口さんと邂逅《かいこう》したのは、2023年12月、武蔵大学の西口研究室においてだった。一橋大学を定年退職後、この私大に移籍していたのだったが、結局6年間在職することになった最終年の終盤に2人は再会した。堀口さんは、年月を感じさせないほど若々しく、挨拶もそこそこに本題に入り、数語交わしただけで、プロとしていかに豊富な研鑽を積まれてきたかが瞬時に分かった。

それから先は、トントン拍子に話が進んだ。そして、原稿はすでに幾多の改訂を経て内容的に別次元に達していたため、新書ではなく、単行本として出版するというアイデアは、彼と私にとって、ごく自然なコンセンサスとなった。

その間にも、多くの友人・知人たちに、まだ完成度の低い初期の段階から、アップグレードされた様々なバージョンに至るまで、多くの草稿に目を通してもらうプロセスは続行し、他に代え難い貴重なコメントをいただいた。その方々に心から御礼を申し上げたい。

なかでも、熊谷頼佳さん（京浜病院院長）、太田養一さん（公認会計士）、新上幸二さん（ＩＴ企業取締役）、吉織雅人さん（塾経営者）からの個性あふれるフィードバックは、著しく有用で刺激に富むものであった。

その他にも、本書の完成まで、次の方々（アルファベット順）からの励ましや鼓舞が大きな支えとなった。ここに改めて深謝を申し上げたい。

青木人志さん（一橋大学理事・副学長）、遠藤淳一さん（日産自動車専務）、藤田裕子さん（有斐閣）、軽部大さん（一橋大学教授）、小松現さん（光文社）、森光高大さん（明治大学准教授）、中野亜希子さん（翻訳家）、中野純さん（電通ＯＢ）、六川浩明さん（弁護士）、酒井隆さん（中央経済社）、佐藤敬さん（東洋経済新報社）、高橋基樹さん（京都大学教授）、渡辺毅さん（日立製作所ＯＢ）、米倉誠一郎さん（デジタルハリウッド大学大学院特命教授／一橋大学名誉教授）。

こうして本書は、実に多くの人々の真摯なインプットから生成した集合的叡智の影響下で、長く曲がりくねった経路を行きつ戻りつしながら、育っていった。そのため、もし本書が、その豊かな集合智のごく一部でも正当に活かしつつ作業をやり終えることができていたとしたら、「使命達成→任務完了→作戦成功」となり得るだろうし、仮に著しい欠損などが残っていたとしたら、その修復は今後の課題として銘記されるであろう。
ともあれ、そうした不備などを含めて、本書中になお残存しているに違いない誤認や誤記等も、ひとえに筆者の責任に属することを申し添えて、本書を終えたい。

西口　敏宏

原材料化する人類

2024年11月8日　1版1刷

著者 ――――― 西口敏宏

発行者 ―――― 中川ヒロミ

発行 ――――― 株式会社日経BP

日本経済新聞出版

発売 ――――― 株式会社日経BPマーケティング

〒105-8308　東京都港区虎ノ門4-3-12

装丁 ――――― 野網雄太＋佐野裕哉

DTP ――――― CAPS

印刷・製本 ―― 中央精版印刷

本書籍に関するお問い合わせ、ご連絡は下記にて承ります。
https://nkbp.jp/booksQA

Printed in Japan　ISBN978-4-296-12042-0

著者紹介

西口敏宏
（にしぐち としひろ）

一橋大学名誉教授、京都先端科学大学特任教授、
国際ビジネス研究学会名誉フェロー

1952年兵庫県生まれ。早稲田大学政治経済学部卒。ロンドン大学修士、オックスフォード大学博士（社会学）、MIT研究員、INSEAD研究員、ペンシルベニア大学ウォートン・スクール助教授、一橋大学教授、武蔵大学客員教授等を歴任。専攻は組織論、ネットワーク論。著書は『Strategic Industrial Sourcing』（米国シンゴウ製造業研究優秀賞、全米図書館協会『チョイス』誌最優秀学術書賞、日経・経済図書文化賞）、『戦略的アウトソーシングの進化』、『遠距離交際と近所づきあい』、『ネットワーク思考のすすめ』、『防衛調達論』（共著）、『コミュニティー・キャピタル論』（共著）、『中小企業ネットワーク』（編著）、他多数。

注

【はしがき】

（1）Francis Fukuyama (1989), "The End of History?" *National Interest,* 16: 3–18; (1992), *The End of History and the Last Man.* New York, NY: Free Press（フランシス・フクヤマ『歴史の終わり（上・下）』渡部昇一訳、三笠書房、1992年）；ならびに、Samuel P. Huntington (1993), "The Clash of Civilizations?" *Foreign Affairs,* Summer: 22–49; (1996), *The Clash of Civilizations and the Remaking of World Order.* New York, NY: Simon and Schuster（サミュエル・ハンチントン『文明の衝突』鈴木主税訳、集英社、1998年）を参照。

（2）ケンブリッジ・アナリティカは、非合法手段をいとわないその強引な経営手法と行動により、短命に終わった。詳しくは本書の第4章参照。また、一部の業者によって"ブラックボックス化"されたITが管理不能に陥り、有害な混乱状態が引き起こされる危険性から、民主主義と人類を守る道筋を説く優れた論考については、ロブ・ライヒ、メラン・サハミ、ジェレミー・M・ワインスタイン『システム・エラー社会――「最適化」至上主義の罠』小坂恵理訳、NHK出版、2022年（Rob Reich, Mehran Sahami, and Jeremy M. Weinstein [2021], *System Error: Where Big Ten Went Wrong and How We Can Reboot,* Hodder & Stoughton）を参照。

さらに、DeepMindの共同創業者で、Microsoft AIのCEOらによって、AI開発の最前線の立場から書かれたムスタファ・スレイマン、マイケル・バスカー『THE COMING WAVE　AIを封じ込めよ　DeepMind創業者の警告』上杉隼人訳、日本経済新聞出版、2024年（Mustafa Suleyman and Michael Bhaskar [2023], *The Coming Wave: Technology, Power, and the Twenty-first Century's Greatest Dilemma,* Crown）も参考となる。

【第１章】

（１）Internet Growth Statistics 1995 to 2023 — the Global Village Online https://www.internetworldstats.com/emarketing.htm　2024年１月26日確認。

（２）ズボフの大著『監視資本主義』は約700頁を費やして、そうした現代ネットビジネスのメカニズムを執拗かつ実証的に究明している。Shoshana Zuboff (2019), *The Age of Surveillance Capitalism: The Fight for a Human Future at the New Frontier of Power,* Public Affairs（ショシャナ・ズボフ『監視資本主義――人類の未来を賭けた闘い』野中香方子訳、東洋経済新報社、2021年）を参照。

（３）フィルターバブルとは、ネット利用者個人の検索とクリック履歴の分析により、見たい情報が優先表示され、見たくない情報から隔離される結果、自分の考え方や価値観のバブル（泡）のなかに孤立する情報環境を指す。イーライ・パリサーは著書『フィルターバブル――インターネットが隠していること』井口耕二訳、ハヤカワ文庫、2016年（Eli Pariser［2011］, *The Filter Bubble: What the Internet is Hiding from You*）で、これによって、①各人は孤立し、②立ち位置がよく見えないあやふやな状態に置かれたままとなり、③そうした受動的な選択状況自体が避けられない、と指摘した。

　総務省『令和元年版　情報通信白書』も参照せよ。https://www.soumu.go.jp/johotsusintokei/whitepaper/ja/r01/pdf/index.html　2024年７月３日確認。

（４）1980年代初め、長年アメリカで教鞭をとった経済学者、佐藤隆三が『Me 社会と We 社会――アメリカ主義・日本主義・資本主義』（日本経済新聞社、1983年）で“ミーイズム”への懸念を表明した。当時はまだインターネットの黎明期でアメリカをはじめほとんど普及していなかったため、その後、いったんは忘れ去られたかのように見えたこの用語の真の意義とそのネガティブな含意は、21世紀の４分の１が過ぎ去った今日では、大多数の人類が否応なく、日々身に染みて感じさせられていると想定し得るだろう。

（5）ウィキペディア「キャンセル・カルチャー」 https://ja.wikipedia.org/wiki/%E3%82%AD%E3%83%A3%E3%83%B3%E3%82%BB%E3%83%AB%E3%83%BB%E3%82%AB%E3%83%AB%E3%83%81%E3%83%A3%E3%83%BC#:~:text=%E5%85%B8%E5%9E%8B%E7%9A%84%E3%81%AB%E3%81%AF%E3%80%81%E8%8A%B8%E8%83%BD%E4%BA%BA,%E5%85%A8%E4%B8%96%E7%95%8C%E3%81%AB%E6%8B%A1%E5%A4%A7%E3%81%97%E3%81%9F%E3%80%82
2024年７月３日確認。
（6）ウィキペディア「炎上（ネット用語）」 https://ja.wikipedia.org/wiki/%E7%82%8E%E4%B8%8A_(%E3%83%8D%E3%83%83%E3%83%88%E7%94%A8%E8%AA%9E)
2024年７月３日確認。

【第２章】

（1）ウィキペディア「あさま山荘事件」 https://ja.wikipedia.org/wiki/%E3%81%82%E3%81%95%E3%81%BE%E5%B1%B1%E8%8D%98%E4%BA%8B%E4%BB%B6
2024年７月３日確認。
久能靖（2021）『増補版　連合赤軍　浅間山荘事件の真実』河出文庫。
（2）この緊迫した数日間、容易に現場から離れられない状況下で、ちょうどその５カ月前の1971年９月18日に新発売された日清カップヌードルが、あさま山荘を武装包囲する現場の警察官や機動隊員らに配布され、厳寒のなか、熱い湯をかけるだけで温かい食事にありつき、しばしホッとひと息つく彼らの様子が、リアルタイムの現場中継映像としてテレビで放映され、国民に広く知れ渡る結果となった。日清カップヌードルは、2022年２月までに累計販売数510億食を超えて、世界80カ国で愛され続けている。
（3）Eli Pariser（2011），*The Filter Bubble*（イーライ・パリサー『フィルターバブル』2016年）．またWWW（World Wide Web）の創始者Barnards-Lee（2010）の“Hotel California”（地獄アリ効果），*Guardian*

を参照。

（4）David Shaw（1990），“Column One, News Analysis: Where was Skepticism in Media?” Los Angeles Times, January 19, 1990　https://www.latimes.com/archives/la-xpm-1990-01-19-mn-226-story.html 2024年7月2日確認。

（5）Sunstein, Cass R.（2017），*#Republic: Divided Democracy in the Age of Social Media*. Princeton University Press（キャス・サンスティーン『#リパブリック：インターネットは民主主義になにをもたらすのか』伊達尚美訳、勁草書房、2018年）.

（6）確証バイアス（confirmation bias）とは、認知心理学や社会心理学における用語で、自分がすでに持っている先入観や仮説を肯定するために、検証作業においてそれを支持する情報ばかりを集め、そぐわない情報を回避しようとする傾向のことである。これは認知バイアスの一種で、自分の思い込みや周囲の要因によって非合理的な判断をしてしまう心理現象であり、その結果、稀な事象の起こる確率を過大評価する傾向が強い。

（7）Van Alstyne, Marshall, and Erik Brynjolfsson（1996），“Could the Internet Balkanize Science?” *Science* 274（5292）. ちなみに「バルカン半島化」とは、ある地域や国家が、相互に対立する小規模な地域や国家に分裂していく過程を指し、この用語の起源は20世紀に発生したバルカン半島の紛争にある。

（8）本書の範疇を超えるとはいえ、こうした高学歴者の多いカルト集団が起こした事件として、連合赤軍のあさま山荘事件は、1980年代末から90年代半ばにかけて社会を震撼させる一連の凶悪事件を引き起こし、95年3月20日の地下鉄サリン事件でピークに達したオウム真理教を予兆させるものとなった。国家官庁を模した内部組織を持ち、武器や毒薬を大量密造したカルト集団のオウム真理教も、それらの開発・製造に加担した多くの著名な国公立大学の大学院修了者（理科系を含む）を信者として擁していた。

（9）斎藤環（2020）「自殺者が後を絶たない……リアリティーショーは『現

代の剣闘士試合』か　あまりに残酷な『感情労働』」2020年6月3日
https://gendai.media/articles/-/72994?page=5
2024年7月3日確認。

（10）猿渡由紀（2020）「リアリティ番組原因で自殺未遂した歌手の告発　木村花さんの悲劇繰り返すアメリカの異常事態」東洋経済 ONLINE、2020年8月8日　https://toyokeizai.net/articles/-/367197?page=2
2024年7月3日確認。

【第3章】

（1）Internet Growth Statistics 1995 to 2023 — the Global Village Online
https://www.internetworldstats.com/emarketing.html
2024年1月26日確認。

（2）三菱 UFJ モルガン・スタンレー証券『マーケットの歴史』 https://www.sc.mufg.jp/products/sp/intro201712/index.html
最終閲覧日 2019年12月16日。

（3）日本経済新聞電子版「GAFAM の時価総額、東証1部超え　560兆円に近づく社会インフラ化」2020年5月9日　https://www.nikkei.com/article/DGKKZO58879220Y0A500C2EA2000/
2024年7月3日確認。

（4）2015年は@120円、2021年は@110円で算出。GAFAM 時価総額は、https://companiesmarketcap.com/ に、アメリカ全体の歳入（連邦政府・地方自治体・社会保障基金による年間収入を表し、税収と税外収入を合計したもの）は、GFS（政府財政統計マニュアル）https://ecodb.net/country/US/imf_ggrx.html に依拠。特別会計を含まず、全歳入・歳出を単一会計で経理する、単一予算主義の日本一般会計予算は107兆5964億円（2022年度）。

2023年度の一般会計予算114兆3812億円に対して、GAFAM 時価総額はさらに躍進しており、2024年1月24日現在、1位アップルの3兆ドル、2位マイクロソフトの2.99兆ドルは、この間に急落した円価@148円で換算すると各々444兆円、442兆円となり、ドイツにも抜かれ

てGDP世界第４位に転落した日本の国家予算総額（一般会計＋特別会計）は、これら巨大IT各社の時価総額の６割弱程度でしかなくなった。

また2024年１月23日時点で、1987年に記録したNTT時価総額を約37年ぶりに上回ったトヨタの時価総額は48兆円であるが、それでもアップルの約10分の１程度である。

（５）2023年は＠148円で算出。

（６）零戦は1942–44年の、P-51Dは1943–45年の変化を示す。P-51Dは、自動車生産方式の応用と５分割ブロック工法により、生産工程・機体価格ともに激減。逆に零戦では、度重なる設計変更により、機体価格は増加した。原典の数値が、上限と下限の幅で示されている場合は、２者の平均値を掲示。各総生産機数は、零戦が１万430機、P-51D/Kが7956機（2022年２月21日 Wikipedia）。

（７）12万6000円（＠6円）→11万2000円（＠8円）。堀越二郎・奥宮正武（1982）『零戦』pp. 581–585、朝日ソノラマを参照。

（８）海軍の零戦ばかりでなく、陸軍の開発機種でも事情は同様だった。だがその一方で、戦後の自動車や新幹線の開発に結びつく、組織的な革新の萌芽もすでに見られた。その最たるものは、後にクロスファンクショナル（組織横断型）チームとして国際的にも知られるようになった、「掛け持ち」開発方式である。

これはつまり、複数の開発機種（車種）のプロジェクトにまたがって、同時並行的に同じ開発要員を貼りつけることによって、１つのプロジェクトで案出され成功した問題解決方法のノウハウが、そのまま他のプロジェクトでも発生した共通または類似した問題に対しても応用され、余計な手間暇をかけずに一挙に解決して、生産性の向上を図ろうとする効率的なやり方だった。

戦後、連合国軍最高司令官総司令部（GHQ）によって航空機の開発・製造が禁止され、行き場を失った第１級のエンジニアたちが、自動車や鉄道産業にどっと流れ込んだことで、クロスファンクショナル開発チーム方式が、トヨタ・クラウンや日産サニー、さらには新幹線

車輌の開発に応用され、優れた成果を上げたことはよく知られている（西口敏宏［2009］『ネットワーク思考のすすめ――ネットセントリック時代の組織戦略』pp. 55–57、東洋経済新報社）。

1995年、西口らのインタビューに応えて、当時川崎重工業（1969年に川崎航空機を吸収合併）の顧問を務めていた土井武夫氏（1904–96）は、陸軍からの厳しい要求事案をこなすために、「死にもの狂い」で対応した結果、終戦までの19年間に20機種を開発した世界的な航空機エンジニアだったが、その秘訣は「複数の開発事案に同じ技術者たちを同時並行して貼りつけて、１つのプロジェクトで生まれた良いアイデアをそっくりそのまま他のプロジェクトにも応用したこと」にあったと証言した。

飛燕や九九軽爆（九九式双発軽爆撃機）などの開発者として著名な土井技師だったが、太平洋戦争末期に高度１万メートルから夜間に本土無差別空襲を行ったB29を迎撃するため、全身を真っ黒に塗り直し、機首にしつらえた大口径砲（37mm 砲）と上向き砲（20mm 砲）を活用して、一撃離脱で一定の戦果を上げた屠龍（二式複座戦闘機）も、彼の設計による名機だった。

そして、その設計ノウハウの秘密は豪快そのものだった。曰く、「とにかく時間がない、カネもない、人も足りない、とないない尽くしでしたね。そこである時ふと苦し紛れに思いついたんだが、すでに評価の高かった九九軽爆をそっくり利用しちゃえということでね。その全身の寸法を大方『七掛け』で図面を引き直して造ったのが屠龍だったんですよ。これが思いのほか上手くいきましてね。九九軽爆じゃあ思いもよらなかったが、寸詰めにして身軽になったおかげで、屠龍の方では随分 B29をやっつけましたよ」

詳細は省くが、戦後の混乱期、神戸にあった川崎航空機の独身寮で、西口の父、譲（1924-98）を含む５人の新入社員が６畳一間に暮らしていた。そこに、戦後失職していた土井武夫氏が６人目の住人として転がり込み、１年間の窮屈な共同生活を送ったことがあった。

土井氏は抜群の運動神経の持ち主としても知られ、芸者を揚げた後、

階下への狭い階段を逆立ちで降り切ったという逸話が残されている。

晩年の彼とのインタビューの後、筆者が父から聞いていたこの逸話の真偽を確かめると、「いやあ、当時は若かったからできたんですよ」とこともなげにおっしゃる。そこで、こちらもすかさず、「いやあ、いくら若くても、私どもの大半は、“逆立ちしたって”そんなことは無理ですよ」と切り返すと、ニンマリとした満足げな笑顔が返ってきた。

（９）プロンプト（prompt）とは、AI との対話やコマンド・ライン・インターフェース（CLI）などの対話形式のシステムにおいて、ユーザーが入力する指示や質問のことである。AI がユーザーの要求や問いに対して適切な応答や結果を生成するためには、明確で具体的なプロンプトが必要とされ、仮に不適切なプロンプトを使用すると、AI が望ましくない結果や誤った情報を生成する可能性も出てくる。

（10）日本時間2023年９月３日放映。

【第４章】

（１）家庭内を自由に動き回るほぼ唯一の家電、自動掃除機の“ステルシーな”情報収集機能とその問題点については、例えば以下のような多くの論考が出ている。

若杉紀彦（2017）「集めていたのはゴミだけではない。iRobot、ルンバで収集した部屋の物理情報を外販へ――ロイター報道」PC Watch、2017年７月25日　https://pc.watch.impress.co.jp/docs/news/1072308.html

2024年７月２日閲覧。

Michael Reilly（2017）「掃除ロボがアマゾンのスパイに？　ルンバ、見取図の外販を計画」MIT Technology Review、2017年７月27日 https://www.technologyreview.jp/s/49663/your-roomba-is-also-gathering-data-about-the-layout-of-your-home/

2024年７月２日閲覧。

佐藤亮（2017）「iRobot、ルンバが収集した情報の販売を否定」PC

Watch、2017年7月31日　https://pc.watch.impress.co.jp/docs/news/1073378.html
2024年7月2日閲覧。
Gonzalo Torres（2017）「ロボット型掃除機にスパイ行為をされていませんか？ 吸い込んでいるのはゴミだけとは限りません」Avast、2017年9月28日　https://blog.avast.com/jp/is-my-roomba-spying-on-me-0
2024年7月2日閲覧。
劉尭（2017）「LG製お掃除ロボットに脆弱性、室内を覗き見可能」PC Watch、2017年10月30日　https://pc.watch.impress.co.jp/docs/news/1088845.html
2024年7月2日閲覧。
「ロボット掃除機が撮ったトイレ中の女性の写真がネットに流出」2023年1月16日　https://adguard.com/ja/blog/robot-vaccuum-photo-leak.html
2024年7月2日閲覧。
Stan Kaminsky（2023）「お掃除ロボットがスパイに？」2023年1月17日　https://blog.kaspersky.co.jp/robot-vacuum-privacy/33099/
2024年7月2日閲覧。
David Shepardson（2024）「アマゾン、アイロボット買収中止　ＥＵが反対　米も拒否の意向」Reuters, 2024年1月30日　https://jp.reuters.com/markets/bonds/X6E4J4C76VJQJASLTOBRWVBPOA-2024-01-29/
2024年7月2日閲覧。
「ゴミも“データ”も集めるロボット掃除機。その現状とリスクとは」2024年2月1日　https://eset-info.canon-its.jp/malware_info/special/detail/240201.html
2024年7月2日閲覧。
「アイロボットジャパン、自社ロボット掃除機の全国世帯普及率10%を　達成」PR TIMES、2024年4月17日　https://mainichi.jp/articles/20240417/pr2/00m/020/273000c
　この最新の記事ではiRobot社のロボット掃除機「ルンバ」と床拭き

ロボット「ブラーバ」の累計販売台数が世界で5000万台を突破したことが報告されている。
2024年７月２日閲覧。

（２）Zuboff（2019）。第１章の注１を参照。

（３）第１章で言及した「フィルターバブル」効果により、搾取される側は、自分が搾取されているという実感に乏しい。そのため、搾取は密やかに際限なく行われる。現実に、その実損は物凄いのだが、搾取される側はそうした感覚がなきに等しい。そのため、実損の認識が極めて薄いまま、一方的に個人情報を抜き取られ、収集されるがままに甘んじている。これにネットユーザー人口の55億人分を掛け合せると、ビッグ・アザー側の利得はやすやすと「天文学的」なものになることぐらいは、小学生でも容易に計算できよう。このようなカラクリが事実上、現代の非接触型のネット搾取を介した「支配従属関係」のメカニズムの核心部分を構成しているのである。

（４）Jonathan A. Obar and Anne Oeldorf-Hirsch（2018）, “The Biggest Lie on the Internet: Ignoring the Privacy Policies and Terms of Service Policies of Social Networking Services,” *Information, Communication & Society,* pp. 1-20　https://papers.ssrn.com/abstract=2757465
2024年６月30日確認。

上記論文を引いて、前掲のズボフ（2021訳書 p. 270［2019原書 p. 236］）もこのカラクリのもたらす深刻な問題点を鋭く指摘している。

（５）言うまでもなく、ここでは、厳密に生物学的な議論ではなく、日常生活における現実の効果として、「人間性の改変」をさえ疑わせるような行動結果に結びつき、それを常態化させているといった意味合いで、この表現を使っている。

つまり、人間性自体の変化というよりも、ただ、これまで苦情・抗議・問い合わせ等を含む一定の表明手段が担保されていた行動領域に対して、まったく異質な汎用テクノロジーが急拡大して、ユーザーは否応なくその新たな“文法”に黙々と従う以外の選択肢を一挙に喪失した結果、人々の行動パターン自体も急激な変容を遂げ、あたかも人

間性そのものがあからさまに変わってしまったかのような印象を与えるのである。

（６）Yuval Noah Harari (2015), *Homo Deus,* Vintage; (2018), *21 Lessons for the 21st Century,* Johnathan Cape（ユヴァル・ノア・ハラリ『ホモ・デウス――テクノロジーとサピエンスの未来（上・下）』柴田裕之訳、河出書房新社、2018年；同『21 Lessons：21世紀の人類のための21の思考』柴田裕之訳、河出書房新社、2019年）.

（７）市岡繁男（2019）「米所得格差と新興国の成長は連動」週刊エコノミスト Online、2019年２月18日　https://weekly-economist.mainichi.jp/articles/20190226/se1/00m/020/016000c
2024年７月３日確認。

（８）イーロン・マスク（米テスラ最高経営責任者／CEO）、ジェフ・ベゾス（米アマゾン創業者）、ベルナール・アルノー（仏 LVMH モエ・ヘネシー・ルイ・ヴィトン会長）と家族、ビル・ゲイツ（米マイクロソフト創業者）、ラリー・エリソン（米オラクル創業者）、ラリー・ペイジ（米グーグル創業者）、サーゲイ・ブリン（同）、マーク・ザッカーバーグ（米メタ CEO）、スティーヴ・バルマー（米マイクロソフト元CEO）、ウォーレン・バフェット（米投資家）。

（９）BBC News Japan「世界の富豪トップ10人、パンデミック中に資産が倍増＝NGO」2022年１月18日　https://www.bbc.com/japanese/60033540　１米ドル＝114円で換算。
2024年７月３日確認。

（10）最上位の2750人だけで3.5％に当たる13兆ドル（約1490兆円）。

（11）連邦準備制度理事会（FRB）。

（12）Tocqueville, Alexis de (1835–1840), *De la démocratie en Amérique* I&II（アレクシス・ド・トクヴィル『アメリカのデモクラシー』第１巻［上・下］・第２巻［上・下］岩波文庫、2005年）。

（13）トクヴィル『アメリカのデモクラシー』第２巻（下）岩波文庫、2005年、pp. 200–201。

（14）NHK『映像の世紀 バタフライエフェクト――太平洋戦争“言葉”で

戦った男たち』2022年７月11日放映。

University of Colorado Boulder, University Libraries (2018), "Tinian's School for Japanese Children, 1944–1945," March 27　https://www.colorado.edu/libraries/2018/03/27/tinians-school-japanese-children-1944-1945

2024年７月３日確認。

（15）７年後の2023年11月、支持率低迷に悩むスナク政権下で更迭されたクレバリーの後任として、キャメロンは外務・英連邦・開発大臣に起用され、政界に復帰した。だが、翌24年７月の総選挙でスナク政権は大敗北を喫し、キャメロンも辞職した。

（16）「2010年、グーグルのCEOを務めていたエリック・シュミットは、『私たちは、あなたがいまどこにいるかを知っている。これまでどこにいたかも知っている。いまなにを考えているかもだいたい知っている』と述べている。つまり、彼は、不特定多数の情報を集める際には、コンテンツよりもメタデータのほうが有益に働くことを指摘しているのである」flier『超監視社会――私たちのデータはどこまで見られているのか？』（ブルース・シュナイアナー著、池村千秋訳、草思社、2016年）　https://www.flierinc.com/summary/1151

2024年７月３日確認。

（17）クリストファー・ワイリー『マインドハッキング――あなたの感情を支配し行動を操るソーシャルメディア』牧野洋訳、新潮社、2020年（Christopher Wylie［2019］, *Mindf*ck: Cambridge Analytica and the Plot to Break America*, Random House）。

【第５章】

（１）日本政府の文書で「IT革命」という用語を正式に用いた先駆けとされるのは、内閣府・経済審議会（2000）「『経済社会のあるべき姿と経済新生の政策方針』の実現に向けて」という計画書だった。この文書におけるIT革命の定義は、「情報通信技術の想像を絶する進歩と世界中の情報の受発信源がインターネットを中核とした情報通信ネットワー

クで結ばれるようになること、及び、それらがもたらす経済社会面での様々な変革を表す表現である」。なお、IT革命という言葉は2000年の新語・流行語大賞を受賞している。

（2）安東峻・浮田怜奈・田村亨・道越奈苗（2016）「フランス革命をどう記述していくか：人権宣言とラテンアメリカ」大阪大学歴史教育研究会 成果報告書シリーズ12、pp. 40–59 https://ir.library.osaka-u.ac.jp/repo/ouka/all/62149/ouhe_12_040.pdf
2024年5月14日確認。

（3）ニューズウィーク日本版「『PCはカウンター・カルチャーから生まれた』服部桂の考える､人間を拡張するテクノロジー」2019年12月19日 https://www.newsweekjapan.jp/stories/technology/2019/12/post-13602_3.php
2024年7月3日確認。

（4）FiveThirtyEight “Before They Created Apple, Jobs And Wozniak Hacked The Phone System” 2015年11月4日 https://fivethirtyeight.com/features/before-they-created-apple-jobs-and-wozniak-hacked-the-phone-system/
2024年7月3日確認。

（5）木村忠正（2020）「マスメディア社会からポリメディア社会へ――ポリメディア社会におけるエコーチェンバー」『マス・コミュニケーション研究』97巻 pp. 65–84 https://www.jstage.jst.go.jp/article/mscom/97/0/97_65/_pdf
2024年7月3日確認。

なお、高年齢世代において、依然としてテレビや新聞等の伝統的なメディアへの支持が強かったことを示す過渡期のデータについては、次の文献を参照せよ。

平田明裕・諸藤絵美・荒牧央（2010）「テレビ視聴とメディア利用の現在（2）――『日本人とテレビ・2010』調査から」『放送研究と調査』2010年10月号 https://www.nhk.or.jp/bunken/summary/research/report/2010_10/101001.pdf

2024年7月3日確認。
（6）臼田勤哉（2022）「Twitter、他のSNSへのリンクを禁止　違反でアカウント凍結」ImpressWatch、2022年12月19日　https://www.watch.impress.co.jp/docs/news/1464674.html
2024年7月3日確認。
（7）読売新聞オンライン「タクシー業界ライドシェア準備　来月限定解禁　白ナンバー車を発注」2024年3月7日　https://www.yomiuri.co.jp/local/chubu/feature/CO037451/20240306-OYTAT50039/
2024年7月3日確認。
（8）Eric Newcomer, Julie Verhage（2015）「米ウーバー、事業制限狙うNY市長への抗議でアプリに新機能」Bloomberg、2015年7月17日
https://www.bloomberg.co.jp/news/articles/2015-07-17/--ic7bs2f4
2024年7月3日確認。
塚本紺（2015）「Uberを規制しようとするニューヨーク市とUber、ひとまず合意」GIZMODO、2015年7月24日　https://www.gizmodo.jp/2015/07/ubernyuber.html
2024年7月3日確認。
マット・ステンペック（2015）「ウーバーやフェイスブックはユーザーを『ロビイスト』に変えるのか」DIAMONDハーバード・ビジネス・レビュー、2015年10月19日　https://dhbr.diamond.jp/articles/-/3543
2024年7月3日確認。
（9）Aarian Marshall（2018）「ニューヨークでUberやLyftが台数規制、ほかの都市にも波及するのか？」WIRED、2018年8月12日　https://wired.jp/2018/08/12/new-york-city-cap-uber-lyft/
2024年7月3日確認。
（10）日本経済新聞電子版「TikTok禁止法案、米下院で可決　アプリで世論喚起に怒り」2024年3月9日　https://www.nikkei.com/article/DGXZQOGN090390Z00C24A3000000/
2024年3月13日確認。
（11）ITmedia「OpenAIのアルトマンCEO、『日本のChatGPTユーザーは

100万人超』」2023年4月10日　https://www.itmedia.co.jp/news/articles/2304/10/news169.html
2024年7月3日確認。

（12）野村総合研究所（NRI）ナレッジ・インサイト「日本のChatGPT利用動向（2023年4月時点）――利用者の多くが肯定的な評価」2023年5月26日　https://www.nri.com/jp/knowledge/report/lst/2023/cc/0526_1
2024年7月3日確認。

（13）マイクロソフト コーポレートコミュニケーション本部「AIで無限の可能性の扉を開く：日本におけるAI関連サービスの最新動向」2023年3月22日　https://news.microsoft.com/ja-jp/2023/03/22/230322-ai-opens-the-door-to-unlimited-possibilities-latest-trends-in-ai-related-services-in-japan/?sccid=tw_org_20230322&ocid=AID3033945_TWITTER_oo_spl100003933805990
2024年7月3日確認。

（14）青木栄一（2006）『鉄道忌避伝説の謎――汽車が来た町、来なかった町』吉川弘文館。

【第6章】

（1）Erica Pandey（author of Axios Finish Line）（2017）“Sean Parker: Facebook was designed to exploit human ‘vulnerability’” November 9, 2017　https://www.axios.com/2017/12/15/sean-parker-facebook-was-designed-to-exploit-human-vulnerability-1513306782
2024年7月3日確認。

　ショーン・パーカーの同じ発言を引用する次の記事も大いに参考となる。

GQ JAPAN「フェイスブックに明るい未来を思い描くのは、もはやマーク・ザッカーバーグただひとり？」2017年11月24日　https://www.gqjapan.jp/culture/column/20171124/mark-zuckerberg-facebook-last-believer

2024年７月３日確認。

ちなみに、この後者の記事のなかでは、オバマ元大統領の発言も注目を惹く。

「それはともあれ、ソーシャルメディアがいまやわれわれの不平不満の一番のはけ口であることは否定できない。バラク・オバマ前大統領は、ドナルド・トランプの大統領就任を翌週に控えたタイミングで、フェイスブックやツイッターが民主主義の脅威となりつつある現状を、次のような言葉で語った。『わたしたちは、いわゆるフィルター・バブルの快適さになじみすぎてしまった。事実の裏付けに基づいて自分の意見を組み立てていく努力を怠り、自分にとって都合のよい情報ばかりを真偽の別なく受け入れるようになってしまったのだ。もしもあなたがインターネット上での見知らぬ誰かとの議論に疲れているなら、現実社会で誰かに話しかけてみるといい』」（下線筆者）

（２）スマートフォン PLUS「【スマホ１日にどれくらい使う？】約２割が『平均４時間以上使っている』」2023年９月28日　https://coetas.jp/smartphone-plus/6729/
2024年７月３日確認。

（３）Wall Street Journal “the facebook files”　https://www.wsj.com/articles/the-facebook-files-11631713039
2024年７月３日確認。

（４）60 Minutes “Facebook Whistleblower Frances Haugen: The 60 Minutes Interview”　https://www.youtube.com/watch?v=_Lx5VmAdZSI
2024年７月３日確認。

（５）Peter Dizikes（2018）“Study: On Twitter, false news travels faster than true stories,” MIT News, 2018年３月８日　https://news.mit.edu/2018/study-twitter-false-news-travels-faster-true-stories-0308
2024年７月３日確認。

（６）佐藤由紀子（2018）「Twitter で人は真実よりうそを早く、多くシェアする―― MIT 論文」ITmedia NEWS、2018年３月９日　https://www.itmedia.co.jp/news/articles/1803/09/news073.html

2024年7月3日確認。

なお、真実と虚偽のニュースがオンラインで拡散するメカニズムについては、以下も参照。

シナン・アラル、夏目大（2022）「『なぜデマ情報が急増？』米SNS研究が明らかにした衝撃の事実」ダイヤモンド・オンライン、2022年6月7日 https://diamond.jp/articles/-/304311

2024年7月3日確認。

（7）日本経済新聞電子版「『Qアノン』候補、陰謀論を拡散」2022年10月31日 https://www.nikkei.com/article/DGKKZO65583420Q2A031C2FF8000/

2024年7月3日確認。

（8）日本経済新聞電子版「米有権者の44％『連邦政府は秘密結社が掌握』世論調査」2022年11月5日 https://www.nikkei.com/article/DGXZQOGN04CS40U2A101C2000000/

2024年7月3日確認。

（9）ユヴァル・ノバ・ハラリ（2018）『ホモ・デウス（上）』河出書房新社、p. 25。

（10）厚生労働省「令和4年（2022）人口動態統計月報年計（概数）の概況」https://www.mhlw.go.jp/toukei/saikin/hw/jinkou/geppo/nengai22/dl/gaikyouR4.pdf

2024年7月3日確認。

（11）アンデシュ・ハンセン（2020）『スマホ脳』久山葉子訳、新潮新書、p. 140。

（12）BBC “Man jailed for putting Tony Blair’s address book online” 2012年7月27日 https://www.bbc.com/news/uk-england-birmingham-19018142

2024年7月3日確認。

（13）P・W・シンガー、エマーソン・T・ブルッキング（2019）『「いいね！」戦争――兵器化するソーシャルメディア』小林由香利訳、NHK出版、p. 236。

（14） Jessica Elgot（2014）「アメリカ人記者を処刑した『イギリス人』とは何者か」Huffington Post、2014年8月22日　https://www.huffingtonpost.jp/2014/08/22/james-foley-british-killer_n_5698772.html
2024年7月3日確認。

（15） クウェート生まれでロンドンの大学でコンピュータープログラミングを専攻していた「ジョン」ことモハメド・エムワジは、2015年11月米軍のドローン攻撃により死亡した。

（16） James Farrell（2024）「中国系組織が生成AIで大統領選の混乱を画策？　マイクロソフトが警告」Forbes Japan、2024年4月8日（同日に確認） https://forbesjapan.com/articles/detail/70189

（17） Cybereason Japan Marketing Team「サイバー攻撃、偽情報と誤報、心理戦、ソーシャルエンジニアリングを統合した『認知戦』について」2022年12月8日　https://www.cybereason.co.jp/blog/cyberattack/9469/
2024年7月3日確認。

（18） 本村凌二（2011）『帝国を魅せる剣闘士——血と汗のローマ社会史』山川出版社、pp. 240–254。

（19） News Picks「ジョブズとゲイツが我が子のテクノロジー使用を厳しく制限した理由」2017年11月12日　https://newspicks.com/news/2620935/body/
2024年7月3日確認。

【エピローグ】

（１） https://www.tiktok.com/@picorelab/video/7213665055328472338で視聴可能。
2024年6月26日確認。

なお、このスマホショートは、上田監督のちょっと空いた時間に、「撮影はほぼ1日で、編集にかけた時間も1日、脚本も1日で書いたもの」で、「かかっている予算としてはキャスト費と小道具ぐらいなので、仲間同士であれば本当にお金をかけずに作れると思います」と監督自身が証言している。

（２）Real Sound「上田慎一郎監督の超ショート動画はなぜバズを生んだ？“半歩先”を考える企画術を聞く」2023年６月17日　https://realsound.jp/movie/2023/06/post-1352915.html#:~:text
2024年６月26日確認。

なお、2023年６月１日に上田監督がゲスト出演したテレビの報道番組で、コメンテーターの宮田裕章・慶應義塾大学医学部教授が賛辞を惜しまなかった次の動画も参考となる。

news23「『欧米の人はSFとして受け取っていた』上田慎一郎監督生出演『カンヌ × TikTok』グランプリ受賞」 https://www.youtube.com/watch?v=Ew6vxvzPmsc
2024年６月26日確認。

同番組の対話起こしは、https://newsdig.tbs.co.jp/articles/-/517636?page=3　を参照。
2024年６月26日確認。

このテレビ出演で特に印象深いのは、上田監督の次の証言である。「今回カンヌに行っていろんな方に感想を伺って、すごい面白かったのが、欧米の方々は“SF”として受け取ってたんですよ。……レンタル彼女とかレンタル友達があまり知られてないので。日本で結婚式のときに友人をレンタルするサービスがあると言ったら、めっちゃ仰天してて……」

（３）読売新聞オンライン「発売１週間で累計10万部突破の異例の反響……三宅香帆さん『なぜ働いていると本が読めなくなるのか』」https://www.yomiuri.co.jp/culture/book/articles/20240624-OYT8T50162/ を参照。
2024年６月25日同日確認。

【あとがきと謝辞】

（１）報道1930「トランプ氏と共鳴　陰謀論が蝕む世界」BS-TBS、2024年４月18日放映。

（２）読売新聞オンライン「生成AI悪用しウイルス作成、警視庁が25歳の

男を容疑で逮捕……設計情報を回答させたか」2024年５月28日 https://www.yomiuri.co.jp/news/national/20240528-OYT1T50015/、 テレビ朝日 Ch. 5「大下容子ワイド！スクランブル」のニュース、2024年５月28日、および、テレビ東京 Ch. 7「ワールドビジネスサテライト（WBS）」2024年５月28日放映。

ちなみにこの事件では、マルウェアの作成はできたものの、それを用いた犯罪行為は未遂に終わっている。